KB076223

e비즈니스

eBusiness :

Way to Improve All Business Practices
through Network-enabled Technology

図解 eビジネス

© 2000

Originally published in Japan in 2000 by toyokeizai(shinbosya)
Korean translation rights arranged through Access Korea, Seoul.
Korean translation rights © 2000 by ImageBook

*e*비즈니스

아더앤더슨/아더앤더슨코리아 편역

『e비즈니스』 출판에 즈음하여

"디지털 경제 시대"라는 새로운 패러다임은 "e비즈니스"라는 용어와 함께 국내 기업들에게, 우리나라 근대화 이후 일찍이 경험하지 못했던 엄청난 변화와 기업의 사활을 건 승부를 요구하고 있습니다.

'디지털(Digital)'이라는 새로운 개념이 시장을 지배하는 새로운 경제에서는, 단순히 거래 형태가 디지털화된다는 것을 의미하는 것이 아닙니다. 거래되는 상품이나 거래 방식이 디지털화되고, 거래 채널도 디지털화되며, 거래 주체들이 디지털화되는 것을 의미합니다.

이제 디지털 환경의 변화는 세계 시장을 하나의 새로운 시장으로 통합시키고 있으며, 정보나 지식(특허 · 저작권 등) 등 무형 자산(Intangible Assets)의 중요성을 더욱 부각시키고 있습니다.

디지털 경제의 규모를 본다면, 2003년에는 기업간 전자상거래(B2B)의 경우 2조 2000억 원, 기업과 소비자간 전자상거래(B2C)의 경우 5,000억 원에 이를 것으로 예상됩니다.

그러나 현재의 기업들은 현재의 사업을 오프라인에서 영위하면서 새로운 시장에 적극적으로 대응해야 하는 두 가지 목적에 모두 충실해야 하므로 많은 어려움을 겪고 있는 것도 사실입니다.

최근 국내 e비즈니스 환경을 보면 나날이 새로운 기술이 등장하고, 새로운 비즈니스 모델이 개발되고 있습니다.

또한 인터넷을 통한 기업간 혹은 소비자간의 전자상거래는 보편화되고 있으며, 인터넷과 이동통신의 결합에 따라 새로운 사업 영역이 발견되며 정의되고 있습니다.

방송이나 출판, 영화와 같은 미디어 산업에서도 디지털의 확산에 따라 과거에는 상이했던 매체가 대융합(Mega Convergence)되는 현상이 빚어지고 있습니다. 심지어 냉장고나 TV에도 인터넷 기능이 부가된 스마트 제품(Smart Product)이 출시되고 있습니다.

한마디로 인터넷을 중심으로 과거에는 분리되어 존재하던 산업이 통합되는 현상이 나타나고 있습니다.

그러면, 이러한 디지털 정보 혁명의 시대를 맞아 우리 기업이 성공적으로 생존하기 위한 전략은 과연 무엇일까요?

혹자는 '기술'의 중요성을 강조하며, 혹자는 '마케팅'의 중요성을, 또다른 사람들은 '조직', '전략', '인적 자원' 등의 중요성을 말하고 있습니다.

그러나 기업의 성공 전략은 어느 한 분야의 투자로 수립될 성질의 단순한 과제가 아니며, 다양한 분야의 혁신적인 체질 개선을 요구하고 있습니다.

아더앤더슨은 90년의 역사를 통해 축적된 풍부한 경험과 지식을 바탕으로 기업 성공의 파트너로서의 사명을 다하고 있습니다. 시대의 흐름에 변화하는 환경과 고객들의 요구에 적극적으로 대응하고자 많은 투자와 노력을 경주하고 있습니다.

그러한 과정에서 축적된 지식은 e비즈니스 기업의 성공을 위한 경영 전략 수립에서 재무 관리, 조직 관리, 변화 관리, 정보 기술(IT) 지원 분야에 이르기까지 총 망라되며, 특히 전 세계 80여 개

사무소에서 축적한 방대한 양의 자료가 지식 베이스(Knowledge Base)화 되어 실시간으로 고객과 공유되고 있습니다.

이처럼 축적된 막대한 양의 지식과 국내 주요 기업을 대상으로 한 e비즈니스 컨설팅 경험을 토대로 『e비즈니스』를 출간하게 되었습니다. 이 책은 아더앤더슨이 가지고 있는 지적 자산을 공개하여 더 많은 한국 기업들이 글로벌 경쟁의 디지털 경제 시대에서 승자가 되기를 기원하는 목적으로 출간되었습니다.

특히 미국, 일본, 우리나라의 e비즈니스 경향과 3국의 e비즈니스 전략·모델·세무·법무 문제를 비교함으로써, 한국 기업들이 세계적인 시각을 가지는 데 일조하리라 확신합니다.

마지막으로 이 책이 나오는 데까지 많은 노고를 아끼지 않으신 아더앤더슨코리아의 컨설턴트 여러분과 김천오 님께 진심으로 감사드립니다.

2000년 6월

아더앤더슨코리아 대표이사 변 정 주

글머리에

　정보 통신 기술의 빠른 발전과 산업 활동을 저해하는 각종 규제 완화 등 기업 활동에 필요한 중요한 여건이 글로벌 베이스(Global Base)로 시시각각 변화하고 있다.

　매일 각 신문의 경제면을 장식하는 인터넷 뱅킹을 비롯해 업계를 초월한 뉴 비즈니스(New Business)의 발흥이 그 상징적인 사례라고 할 수 있을 것이다.

　또한 동업종간의 M&A나 기업간의 제휴도 기존의 상관습을 무너뜨리며 진행되고 있다. 그런가 하면 인터넷을 핵심 사업으로 하는 수많은 벤처기업이 탄생하고 있으며, 그들의 성공이 화려한 조명을 받고 있다.

　어떤 형태로든 비즈니스에 종사하는 사람에게 가장 중요한 것은, 이러한 일련의 사업 환경의 변화와 새로운 사업 활동의 동향에 대한 인과 관계를 정확히 이해하는 것이다.

　그것은 19세기 산업혁명이라는 변화가 새로운 비즈니스의 기회를 창출했던 역사적 사실에서 알 수 있듯이, 지금의 상황은 분명 '제2차 산업혁명'으로서 또다시 거대한 비즈니스 기회를 만들어내고 있다.

　즉, 사업 환경의 변화를 기회로 새로운 형태의 비즈니스를 남보다 먼저 시작할 수 있는 사람만이 빠르게 변하는 세계 시장에서 살아남을 수 있으며, 그렇지 못한 사람은 새롭게 창출되는 시장의 문턱에도 이르지 못한 채 사라지고 말 것이다.

뉴 이코노미 시대의 도래

일련의 사업 환경의 변화와 그로 인해 야기되는 경제 활동을 '뉴 이코노미(New Economy)'라고 한다.

뉴 이코노미의 키워드는 바로 혁신(Innovation), 속도(Speed), 능력(Ability), 기술(Technology), 디지털(Digital), 가상(Virtual), 정보(Information), 지식(Knowledge), 지적 자산(Intellectual Assets), 네트워크(Network), 연결성(Connectivity), 인터넷(Internet), 웹(Web), 합병(Consolidation), 무형(Intangible), 글로벌(Global) 등이다.

경제 활동을 포함한 인간의 모든 행동(사람·물건·돈·정보, 그리고 인간의 기쁨과 슬픔의 교환까지)은 이러한 요인으로 인해, 지리적·시간적인 제약과 문화적인 제약까지 사라진 사회적 인프라(Infra)하에서 이루어지게 된다.

뉴 이코노미 시대의 비즈니스에서 성공의 열쇠가 되는 것은 과연 무엇일까? 그것은 상호 관련성을 가진 다음의 네 가지로 정리할 수 있다.

① 기술(Technology)

정보 통신 기술의 발달로 개인과 개인, 기업과 기업 및 개인과 기업간에 대량의 정보 교환이 신속하게 이루어지게 되면서, 새로운 사업 형태(e비즈니스라고 불리는 비즈니스 모델)가 탄생했다. 즉, 테크놀로지가 e비즈니스를 성립시키는 수단이 되었던 것이다.

② 필요한 인적 자원의 획득

뉴 이코노미 시대에서는 기본적으로 정보 통신 기술에 대한 지식과 경험이 요구된다. 하지만 국가별로 상당한 기술의 차이가 있음을 알 수 있다.

오늘날의 시대를 흔히 '실업의 시대'라고 말하고 있다. 이렇게 말하는 요인은 기술의 수요와 공급의 차이에서 비롯되었다고 할 수 있다. 기술 수준과 더불어 더욱 강조되는 것은 바로 기존의 고정 관념에서 탈피할 수 있는 유연한 발상과 창조성이다.

기업은 이러한 요건을 충족시킬 수 있는 인재 의식과 더불어 핵심 기술까지 간파해야 한다. 그와 동시에 유능한 인재를 양성하고 필요한 인적 자원을 확보할 수 있도록 신선하고 유연한 인사 제도를 준비해두어야 한다.

③ 세계화(Globalization)

인터넷을 비롯한 정보 통신 기술의 발달은 세계 시장을 하나로 만들고 있다. 그래서 기업 규모가 작다 하더라도 아이디어와 기술력만 있으면 세계 시장에 진출할 수 있게 되었다.

하지만 지리적 제약, 문화적 차이를 극복하기 위해서는 조직과 구성원의 글로벌적 사고 방식이 요구된다.

④ 무형 자산(Intangible Assets)

무형 자산은 토지나 건물 등 유형 자산(Tangible Assets)의 반대 개념이다. 뉴 이코노미 시대에는 무엇보다 새로운 가치 사슬(Value Chain)이나 비즈니스 모델의 창출이 최대의 관건이다.

따라서 이를 위한 고객 데이터 베이스와 고객과의 관계, 공급자

데이터 베이스와 공급자와의 관계, 그리고 기업의 브랜드 이미지, 리더십, 지식, 지적소유권 등 무형 자산에 대한 관심이 매우 높아지고 있다.

뉴 이코노미 시대의 새로운 사업 형태 – e비즈니스

'네트워크로 비즈니스 모델을 변혁한다'는 '제2차 산업혁명'이 일고 있는 지금, 미국과 유럽에서는 이미 수많은 디지털 사회의 선두 주자가 탄생하고 있다. 그 중요한 열쇠 중의 하나가 바로 e비즈니스다.

e비즈니스에서는 독창적인 기술을 바탕으로 디지털 네트워크 상에서 비즈니스 프로세스를 구축해야 한다. 특히 시장 선점이 중요하기 때문에 하루 빨리 사업을 개시해야 한다.

① 정보 통신 기술의 발전과 가치 사슬, 핵심 기술 및 비즈니스 모델

인터넷이나 E-메일의 등장과 함께 휴대전화의 모바일 환경이 빠르게 보급됨에 따라, 비즈니스 프로세스에서는 속도가 가장 중요한 문제로 대두되고 있다.

기업의 비즈니스는 이제 전자화된 네트워크 없이는 생각할 수조차 없다. 그럼, e비즈니스는 기업 경영에 어떠한 영향을 주는가?

e비즈니스는 기존의 비즈니스 모델을 근본적으로 변혁하는 개념이다. 따라서 절대로 기존의 경영 모델이나 프로세스를 그대로 전자화하거나 네트워크화한 것이 아니다.

e비즈니스의 성공은 바로 독창적인 핵심 기술을 외부의 핵심 기술과 네트워크로 결합시켜, 새로운 가치 사슬에 의한 경쟁 우위를

실현함으로써 가능한 것이다.

② e비즈니스의 골격(Framework) ― B-to-C와 B-to-B

B-to-C, 즉 기업과 소비자간 전자상거래 시장에서는 미국의 '닷 컴 기업'이라 불리는 e비즈니스의 성공 기업이 정보 통신 기술을 활용해, 남보다 먼저 비즈니스 아이디어를 구축해서 고객에게 독 자적인 서비스를 제공하고 있다.

이런 닷컴 기업은 하루 24시간, 1년 365일 내내 운영하는 글로벌 네트워크를 중심으로 비즈니스를 구축하고 있다. 이제 세계는 하 나의 시장이 되었으며, 종래의 국경이나 시차와 같은 제약 조건은 더 이상 존재하지 않는다.

따라서 이 네트워크가 가진 가능성을 최대한 활용해 상품이나 서비스를 제공할 수 있느냐 없느냐가 기업의 승패를 좌우하는 중 요한 요소가 되었다.

또 B-to-B, 즉 기업간 전자상거래 시장에서는 기업간의 비즈니 스 프로세스를 효과적으로 제휴시킬 수 있는 능력이 요구되고 있 다. 따라서 제휴 기업과의 거래를 원활하게 성공시키기 위해서는 파트너 기업과의 적절한 합의가 요구된다. 기업 문화나 업무 프로 세스의 합의는 중요한 요소가 되기 때문이다.

예를 들어, '구매'라는 비즈니스 프로세스를 속도와 비용면에서 재검토함으로써, 서로의 가치를 창출하여 이익을 도모할 수 있다. 이것이 바로 공생(Win-Win) 관계를 구축하는 것이다.

③ 일본의 e비즈니스 실태

일본의 e비즈니스는 이제 막 경쟁 대열에 뛰어들었기 때문에, 성공한 기업이 그리 많지 않은 것이 오늘의 현실이다.

일본에서는 독창적인 아이디어를 자본으로 경영해 나간다기보다는, 타사가 먼저 시작하고 난 후 시작하거나 다른 성공 사례를 벤치마킹해 경영하는 스타일에서 완전히 탈피하지 못했다.

따라서 대부분의 기업이 기존의 비즈니스 모델에 따른 제약 요인으로부터 비즈니스 프로세스를 생각해내는 게 고작이다. 하지만 제약으로부터 새로운 모델을 창출할 수는 없다.

왜냐하면, e비즈니스의 성공 비결은 바로 독창적인 아이디어를 바탕으로 제로 베이스(Zero Base) 상태에서 비즈니스 프로세스를 세계적이고 신속한 가치 사슬을 구축해야 비로소 유일한 가치를 창출할 수 있기 때문이다.

이러한 관점에서, 다음에 제시하는 가트너 그룹의 분식은 일본 기업에 대한 통렬한 비판으로 시사하는 바가 상당히 크다.

"2000년 말까지 회사 차원의 EC 전략을 수립할 수 있는 기업은 전체의 20% 미만에 불과하며, 대부분의 기업은 회사 차원의 전략 실천에 필요한 비즈니스 모델, 경영, 기술을 충분히 변혁시킬 수 있는 능력조차 없다."

이제 네트워크로 연결된 세계 시장은 바로 '목표 없는 경쟁'이라는 현실을 일본 기업은 인식해야 한다.

따라서 처음부터 모방해도 지적재산권(비즈니스 모델 특허) 침해에 상관없는 핵심적인 기술을 하루라도 빨리 가치 사슬 속에 구축하는 것, 즉 e비즈니스의 속도가 최대의 관건이다.

그러기 위해서는, 우선 'e비즈니스로 무엇을 실현할 것인가'에 대한 기업 전략을 세워야 하며, 그와 동시에 세운 전략을 얼마나 빠르게 기업 시스템에 적용하느냐가 매우 중요하다.

왜냐하면, e비즈니스에서는 사업 환경 및 경쟁 상황이 시시각각으로 변화해 전략 자체가 급속히 진부해질 수 있는 위기 상황에 처해 있기 때문이다.

또 회사는 핵심 기술만 책임지고, 그 밖의 것은 모두 아웃소싱해 e비즈니스 시스템이나 프로세스 속에 서로 제휴하는 구조를 구축하는 것도 반드시 필요하다. 즉, 신뢰 관계에 기초한 비즈니스 프로세스의 제휴가 필요해짐에 따라 기업간의 협력이나 네트워크는 더더욱 중요해지게 된다.

이처럼 e비즈니스는 지혜와 리더십을 갖춘 기업만이 새로운 비즈니스 기회를 얻을 수 있음과 동시에 e비즈니스로 진출할 수 있으며, 그로 인해 큰 성과를 올릴 수 있는 것이다.

이 책은 아더앤더슨의 세계적인 컨설팅 경험이 뒷받침된 지식의 집대성으로, e비즈니스에 관심이 있거나 이미 일선에서 참여하고 있는 독자 여러분께 도움이 되기를 바란다.

2000년 2월

아더앤더슨 일본 대표 이와모토 시게루(岩本繁)

이 책의 출판에 즈음하여

　최근 e비즈니스라고 불리는 새로운 분야, 즉 전자상거래 관련 서적들이 출판되고 있다. 이 책들의 내용은 주로 전략에 중점을 둔 것, 포털사이트의 사례 소개, 정보 기술에 중점을 둔 것 등등 다양한 콘텐츠의 출판물이 소개되고 있다.

　아더앤더슨은 세계 유수 기업에 e비즈니스에 관련된 다양한 컨설팅 서비스를 제공하고 있다. 이런 경험과 축적된 지식을 기반으로 'e비즈니스를 기획하고 실행해나아간다'는 관점에서, 체계화되고 광범위한 정보를 일반에 널리 제공하는 것이 이 책의 출판 목적이다.

　e비즈니스를 움직이는 힘은 정보 통신 기술의 급격한 변화이다. 하지만 '비즈니스'라는 면에서 시스템에만 너무 의제(議題)를 집중시키는 것은 잘못된 인식이다. 즉, 사업 전략의 구축은 무엇보다 사업의 수행에 따라 필연적으로 발생되는 리스크 및 법규적인 측면도 함께 고려해야 한다.

　리스크(Risk)에 관해서는, '정보 통신은 어디까지나 하나의 수단'이라는 생각을 전제로, '정보 시스템 리스크를 어떻게 하면 최소화할 수 있는가'가 관건이다. 또 법규적으로는 글로벌적 거래라는 특성상, 국제 세무상의 e비즈니스 운영 방법이나 상거래상의 법적 과제에도 유의해야 한다.

　따라서 이 책은 e비즈니스를 비즈니스 자체로 파악하면서, e비즈니스의 개요, 전략 구축, 정보 시스템 리스크, 세무·법무에 대해 가능한 한 관련 분야를 폭넓게 망라하여 구성하고 있다.

이 책의 개요와 주요 항목은 다음과 같다.

제1장에서는 'e비즈니스란 무엇인가'에 대해 아더앤더슨의 정의를 소개한 다음, e비즈니스의 역사와 실태를 정리하고 그 배경이 되는 패러다임의 변화에 대해 설명한다.

- 아더앤더슨이 생각하는 e비즈니스
- e비즈니스와 기존 비즈니스와의 차이
- 패러다임의 변화 — 소비자 중심

제2장에서는 'e비즈니스가 기존 비즈니스에 미치는 영향'이라는 제목으로, e비즈니스의 발전이 기존 비즈니스에 어떤 영향을 미쳤으며, 어떤 새로운 비즈니스 모델을 만들어내고 있는지 살펴본다.

- e비즈니스 특유의 비즈니스 모델 출현
- e비즈니스로 진출하려는 잠재적인 비즈니스 모델

제3장에서는 e비즈니스의 전략 구축에 대해 아더앤더슨의 접근 방법(Approach)과 수단을 소개하면서, 전략 구축시 파악해야 할 요점을 소개한다.

- e비즈니스 전략 구축의 작업 절차와 가치 향상(Value up)의 사고 방식
- 사업 계획의 함정

제4장에서는 e비즈니스를 구체적으로 진행시키는 데 유의해야 할 리스크에 관해, 특히 정보 시스템 리스크를 중심으로 해설한다.

- 리스크의 분류와 리스크 관리 방법
- 리스크의 관리 구조

제5장에서는 e비즈니스에서의 세무·법무에 관해 고려해야 할

중요 사항과 정비되고 있는 실태를 해설한다.

- 국경 없는 e비즈니스와 세무상의 문제
- 글로벌 세무 관리의 필요성
- e비즈니스에서의 컴플라이언스(Compliance)
- e비즈니스에서의 계약 성립과 소비자 보호
- e비즈니스에서의 분쟁 해결 방법
- 비즈니스 모델 특허

이 책의 집필은 권말에 기술된 스텝이 각각 담당했다.

또한 제5장 제2절 「e비즈니스에 관련된 법무」 집필은 e비즈니스의 컴플라이언스 확립에 적극적으로 참여한 고마쓰(小松)·고마(狛)·니시카와(西川) 법률사무소의 고마 후미오(狛文夫) 선생, 하시구치 야스노리(橋口泰典) 선생, 야마다 도오루(山田亨) 선생에게 부탁했다. 변호사로서 바쁘신 와중에도 집필을 흔쾌히 승낙해 주신 선생님들에게 깊이 감사를 드린다.

마지막으로 이 책을 출판하는 데 여러 가지 조언과 지원을 아끼지 않은 동양경제신보사 출판국의 오누키 히데노리(大貫英範) 씨와 도키와 아유코(常盤亜由子) 씨에게도 진심으로 감사드린다.

2000년 2월

아더앤더슨 비즈니스컨설팅
    일본총괄파트너 야마모토 유지(山本裕二)

e비즈니스 · 목차

제4장 정보 시스템의 리스크 관리

제5장 e비즈니스에 관련된 세무와 법무

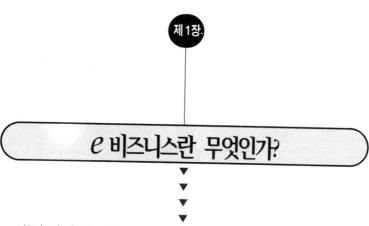

제1장.

e 비즈니스란 무엇인가?

▼
▼
▼

e비즈니스란, 네트워크화 된 기술을 이용해 상품·서비스·정보 및 지식의 전달과 교환을 효율적으로 하는 것이다.

제1절 *e*비즈니스의 정의

1990년대 중반부터 인터넷이 비즈니스에 이용되기 시작하면서, 지금까지 일반 비즈니스의 현실을 제한해왔던 시간·공간·형태라는 장벽을 인터넷상에서는 너무나도 간단히 초월할 수 있는 환경이 되었다.

아마존닷컴은 인터넷을 이용하여 점포 없이도 눈 깜짝할 사이에 전 세계 고객으로부터 책 주문을 받을 수 있게 되었으며, 넷뱅크(Net-Bank)는 지점 창구가 없는 사이버(Cyber : 假想) 은행을 개업했다.

수많은 온라인 증권거래 사이트에는 증권사의 폐장 시간(직원이 퇴근한 한밤중)에도 많은 주문이 몰리고 있으며, CD나 카세트 테이프 형태로 유통되던 음악이 네트워크를 통해 단 몇 분 만에 디지털 데이터로 개인 PC의 하드디스크에 다운받을 수 있게 되었다.

인터넷 혁명이 가져다준 이런 새로운 비즈니스 형태가 국경과 계층을 뛰어넘어, 기존의 상식으로는 도저히 상상할 수 없는 속도

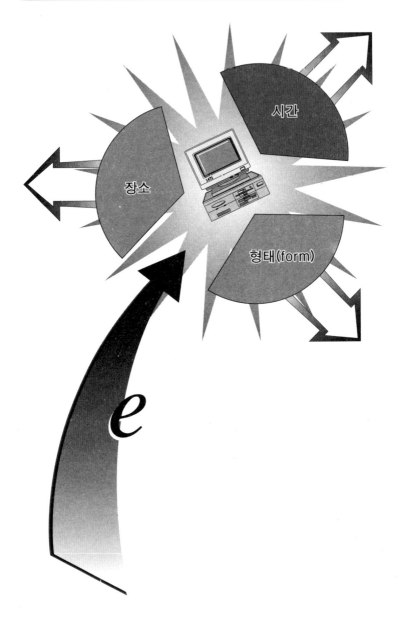

로 전세계적으로 확대되고 있다.

역사상 종이나 전화의 발명으로 다양한 신규 비즈니스가 생겨나 산업이나 경제 구조를 변화시켰듯이, 인터넷 보급이 사회에 미치는 영향은 앞으로 급속도로 확대될 것이라는 점은 이제 의심할 여지가 없다.

특히 비즈니스 세계에 일어나는 변화는 거의 불가항력적인 힘으로 매일 우리 눈앞에서 일어나고 있다. 이런 새로운 변화를 총칭해, 우리는 '전자상거래'나 'e비즈니스'라고 부르고 있다. 하지만 변화의 범위가 너무 광범위하게 확대되어 우리 눈에 보이는 현상은 실로 각양각색이다.

즉 온라인 몰(online mall), 주식 거래, 디지털 콘텐츠의 다운로드, 원자재 구매나 마케팅의 효율화, 주문 제작 기능이나 풍부한 정보의 제공, 그리고 새로운 커뮤니티의 생성 등 다양한 형태로 아주 폭넓게 확대되어 있다.

e비즈니스란 대체 무엇일까? e비즈니스와 e비즈니스가 아닌 것의 경계는 어디에 있을까? 먼저 이 물음에 대한 답을 살펴보기로 하자.

1. 아더앤더슨의 e비즈니스 정의

EC, e-commerce, 전자상거래 등 일반적으로 같은 뜻으로 사용되는 이런 용어들은 나날이 변화·발전하는 비즈니스 및 테크놀로지 세계에서는 결코 새로운 말이 아니다.

EDI(Electronic Data Interchange : 전자문서교환)에 의해 비즈니스상의 거래 문서를 전자적으로 교환하는 구조가 도입된 지 벌써 20년 이상이 지났다. 그럼, 최근 들어 많이 사용하게 된 'e비즈니스'는 무엇이라고 정의를 내릴 수 있을까?

'e비즈니스'라는 말의 유래는 웹(Web) 같은 인터넷 기술을 포함한 새로운 비즈니스 형태의 명칭으로, IBM이 1997년 10월에 제창한 "e-business"에서 유래되었다.

표기 방법의 차이는 약간 다르지만, 현재는 'e비즈니스'라는 호칭이 일반화되어 아더앤더슨도 "eBusiness"라는 표기를 사용하고 있다. 그러나 일반 용어로서 시장에서 인정된 'e비즈니스'의 공통된 정의는 아직 존재하지 않는다.

일반적으로 'e비즈니스'는 인터넷뿐만 아니라, 위에서 언급한 EDI나 CALS(Commerce At Light Speed) 등의 컴퓨터 네트워크를 인프라로 하여, 고객이나 파트너 기업과 온라인으로 거래하는 전자상거래(e-Commerce)를 비롯해서, 고객·파트너·종업원·주주 등에 대한 정보 제공이나 마케팅 활동에 응용하는 등 네트워크 베이스(Network Base)에서 이루어지는 업무 활동 전반을 폭넓게 의미한다.

아더앤더슨은 e비즈니스를 다음과 같이 정의하고 있다.

"e비즈니스란, 네트워크화된 기술을 이용하여 상품, 서비스, 정보 및 지식의 전달과 교환을 효율적으로 하는 것이다."

이 정의의 요점은 다음 두 가지이다.
① 네트워크 테크놀로지(Network Technology)를 이용하고 있다는 점
② 상품, 서비스, 정보 및 지식의 전달과 교환이 이루어지고 있다는 점

e비즈니스는 상품과 서비스를 사고 팔 뿐만 아니라, 고객에게 정보를 제공하거나 비즈니스 파트너와도 협력한다.

즉, 인터넷이나 기타 기술이 만들어 내는 상호 커뮤니케이션이 가능한 비즈니스 환경을 이용하여 상품, 서비스, 정보의 거래를 효율적으로 하는 것이 e비즈니스다.

또한 e비즈니스는 단순한 최신 테크놀로지의 결집이 아니라, 비즈니스를 온라인상에서 확장하여 고객과의 관계를 비약적으로 개선하고, 거래 파트너간에 비즈니스 프로세스를 합리화하며, 또 거기에 드는 비용을 대폭적으로 절감한다.

다시 말해 산업이나 프로세스를 더 깊이 통찰하여 새로운 비즈니스 형태(비즈니스 모델) 자체를 재고하는 것이다. 이것은 e-커머스에서 한 걸음 더 나아가 보다 넓은 관점에서 비즈니스 역학 전체를 포괄적으로 파악하는 개념이다.

따라서 'e'에만 초점을 맞춘 게 아니라 '비즈니스' 자체를 통찰하는 관점이 e비즈니스 성공의 가장 중요한 포인트가 된다.

2. *e*비즈니스와 기존 비즈니스와의 차이

e비즈니스와 기존의 비즈니스와의 차이는 어디에 있는 걸까? 비즈니스의 세 가지 구성 요소인 '제품(Product)', '운영자(Player)', '프로세스(Process)'를 축으로 비교해보자.

40쪽의 그림은 '전통적 비즈니스'와 'e비즈니스'와의 차이를 한눈에 보여주고 있다.

'제품'은 거래 대상이 되는 것으로, 각종 상품과 서비스를 포함한다. '운영자'는 거래의 공급자, 소비자, 중개자, 정보 제공 등의 간접적인 서비스를 제공하는 제3자를 가리킨다.

그리고 '운영자'와 '제품' 사이를 서로 연결해 주는 것이 '프로세스'인데, 여기에는 제품과 서비스의 생산, 검색, 선택, 주문, 지불, 배달, 소비, 마케팅 등이 포함된다.

'전통적 비즈니스'(그림의 왼쪽 아랫부분)는 세 가지 구성 요소가 모두 물리적으로 존재하는 것이다. 취급하는 제품과 서비스는 실재로 존재하는 물건이며 사람의 손으로 생산된다.

공급자는 특정한 장소에 실재로 존재하는 점포나 사람이며, 고객은 직접 공급자가 있는 곳까지 가는 사람(방문 판매일 경우에는 정반대이지만)이다. 대가의 지불은 실재하는 돈이나 신용카드로 하며, 공급자와 소비자가 서로 얼굴을 맞대고 이야기를 하면서 물건과 서비스를 사고 판다.

프로세스는 아주 현실적이다. 고객은 제품을 사기 전에 손으로 만져보고, 공급자가 제품을 설명하면 마음에 드는 제품을 선택한

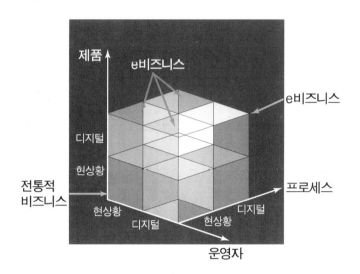

e비즈니스와 기존 비즈니스와의 차이

제품
e비즈니스
디지털
현상황
전통적
비즈니스
현상황
디지털
현상황
e비즈니스
프로세스
디지털
운영자

뒤 대금을 공급자에게 지불한다.

그러면 공급자는 금전출납부에 내용을 기재하고 송장을 만들어 배송업자에게 제품을 넘기면, 배송업자는 그 제품을 소비자에게 직접 배달한다. 이와 같이 '전통적 비즈니스'에서는 모든 것이 수작업으로 운영된다.

이와는 대조적으로 'e비즈니스'(그림의 왼쪽 윗부분)는 세 가지 구성 요소 중 하나 이상이 디지털화되어 있는 경우를 일컫는다. 그 중에서 세 가지 요소가 모두 디지털화된 경우가 새롭게 등장한 '전형적인 e비즈니스'라고 할 수 있다.

공급자나 소비자 모두 직접 대면하는 일없이 네트워크상에서 가상적으로 만나며, 거래 대상이 되는 '제품'은 디지털 콘텐츠나 무형의 서비스로서 소비자의 PC로 어떤 실재하는 물건이 배달되지 않는다.

공급자와 소비자의 거래는 지불이나 배송을 비롯한 모든 것들이 온라인으로 이루어지기 때문에 사람은 PC만 조작하면 된다.

가장 세련된 형태의 순수한 '닷컴(.com) 비즈니스'는 전자적인 온라인 점포에서 모든 것이 자동화된 비즈니스 프로세스에 따라 전자화된 제품(디지털 콘텐츠)을 매매하는 것이다.

그러나 실제로 '전통적 비즈니스'나 'e비즈니스'의 각 카테고리에 100% 완전히 합치되는 비즈니스는 거의 존재하지 않는다.

그림에서 기타 6개 부분은 'e비즈니스'의 범위에 속하는 것으로, '제품'·'운영자'·'프로세스'의 각 구성 요소 안에 부분적으로 전자적인 요소가 들어 있는 것이다.

공급자와 소비자가 네트워크상에서 실재하는(따라서 배송해야 하는) 물건을 거래할 경우나, 대가의 지불을 대금 상환이나 은행 입금 같은 오프라인(off-line)의 수단으로 하는 경우처럼 디지털 방식과 아날로그 방식이 병행되는 형태로, 현재 많은 e비즈니스 기업의 모습이기도 하다.

3. B-to-C와 B-to-B 그 차이와 시장 규모

비즈니스의 형태를 그 대상별로 살펴보면, e비즈니스는 크게 B-to-C(Business To Customers : 기업과 소비자간 전자상거래)와 B-to-B(Business To Business : 기업간 전자상거래)의 두 가지로 분류된다.

여기서는 이 두 시장의 특성과 성장성에 대해 살펴보겠다.

B-to-C

'e비즈니스'라는 말에서 B-to-C라는 비즈니스 모델을 연상하는 사람이 많을 것이다. 그 이유는 B-to-C가 B-to-B보다 미디어에서 자주 거론되었기 때문이다.

B-to-C의 e비즈니스는 소비자가 기업의 홈페이지나 쇼핑몰 사이트를 방문해 상품을 선택하고 구매하는 것으로, 이 분야에서 제일 처음 등장한 것은 꽃 배달업체나 카탈로그 판매, 티켓 서비스처럼 지금까지 전화나 우편을 사용해서 상품 판매를 했던 기존의 기업이 시작한 비즈니스다.

이미 무점포 판매의 노하우를 가지고 있던 이런 기업들이 판매 채널을 확대하기 위해 인터넷을 선택한 것은 지극히 자연스러운 흐름이었다.

그 후 이 시장에도 신생 기업의 참여나 새로운 비즈니스 모델이 등장해, 인터넷 사이트의 역할도 단순한 카탈로그에서 다시 통합

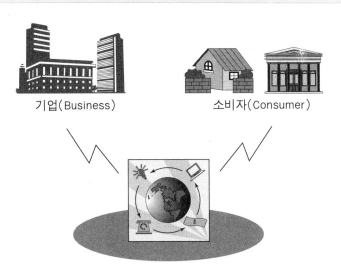

B-to-C : 기업과 소비자간 전자상거래

기업(Business)   소비자(Consumer)

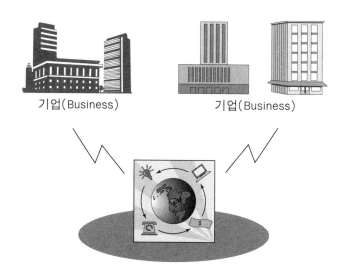

B-to-B : 기업간 전자상거래

기업(Business)   기업(Business)

된 커뮤니케이션 수단이나 쇼핑몰 같은 '장(場)'을 제공하는 사이트로 확대되었다.

재단법인 일본정보처리개발협회(JIPDEC)의 「미·일 전자상거래의 시장 규모 조사」 자료에 따르면, 1998년 미국의 B-to-C 시장 규모는 225억 달러에 달했으며, 2003년에는 그 10배에 가까운 2132억 달러에 달할 것으로 예측하고 있다.

일본의 경우, 1998년 B-to-C 시장 규모는 약 6500만 달러로, 이것은 당시 미국 시장 규모의 약 35분의 1, 시간적으로는 4~5년 정도 뒤떨어져 있다.

그러나 2003년 무렵에는 시장 규모가 316억 달러로 50배 가까이 확대될 것으로 예측하고 있다. 미국과 비교하면 약 7분의 1이 되고, 시간적으로도 3년 정도까지 단축할 수 있을 것으로 내다보고 있다.

이에 비해 한국은 1998년의 B-to-C 시장 규모가 당초 예상보다 크게 늘어난 5000~6000만 달러에 달한 것으로 추정하고 있다(한국전산원, 『2000 한국 인터넷 백서』).

정부의 적극적인 PC 보급 및 인터넷 기반 환경의 확산으로 우리나라의 인터넷 사용자수는 1998년 15위 내 진입 후, 1999년에는 세계 10위로 급부상 하는 등(미국 Almanac사, 1999년 11월 발표 자료) 세계 어느 국가보다 정보 통신 산업의 발달이 빠르게 진행되고 있다.

1999년 아더앤더슨 컨설팅의 자료에 따르면 2003년에는 B-to-C 시장 규모를 약 5억 달러로 예상하고 있다. 국내 B-to-C 업체는 2,000여 개 사로, 이 가운데 활발히 서비스를 제공하고 있는 업체는 불과 200여 곳뿐이다. 아직까지 소비자의 욕구를 채워줄 콘텐츠가 없어 사이트를 개설하고도 방치되는 사이트가 1,000여 개, 새롭게 오픈하거나 문 닫는 업체가 대략 800여 개로 추정하고 있다.

B-to-C 시장의 성장성에 비해 수익성에 있어서는 아직 가시적인 성과는 그리 크지 않다. 1999년 대한상공회의소 조사에 따르면, 500여 개의 쇼핑몰 중 흑자를 기록하는 곳은 전체의 6.4%인 30여 개인 것으로 조사되었다.

일본의 B-to-C 시장의 온라인 점포수는 1998년 12월말 기준으로 1만 3474개 점포로, 전년동기비 약 80% 성장을 기록했다(우정성, 『통신백서』 1999년판 및 노무라종합연구소 「사이버 비즈니스 케이스 뱅크(Cyber Business case Bank)」 조사).

그리고 일본의 인터넷 이용자 중에서 여성이 차지하는 비율은, 1998년도 여름에는 무려 22%까지 증가했다(우정성, 『통신백서』 1999년판).

한국의 경우는 한국광고단체연합회와 IM리서치가 공동으로 실시한 2000년 상반기 상거래 인터넷 사용자 실태 조사에 따르면, 국내 인터넷 사용자 가운데 여성 비율이 46.5%로 나타났다.

여성 이용자들이 주로 찾는 품목은 영화·공연 티켓, 책·잡지, 음악·CD, 화장품·향수 등에 많은 관심을 보이고 있었다.

이에 따라 인터넷 업체들의 여성 고객 시장을 선점하기 위한 경쟁이 시작되고 있다. 따라서 인터넷 업체는 향후 e비즈니스 사업 강화를 위해선 구매력이 큰 여성층의 확보가 필수적이다.

따라서 기존의 시장에서 소비의 주역인 여성의 인터넷 이용 증가는 앞으로 B-to-C 시장을 더욱 확대시킬 것으로 예상된다.

이 같은 B-to-C의 특징으로는 다음의 세 가지를 들 수 있다.

① 1 대 1 마케팅

B-to-C 시장 규모와 예측

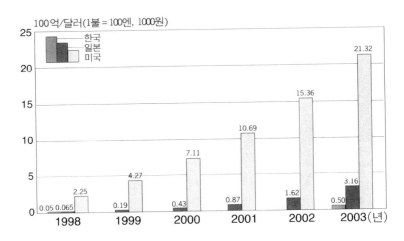

100억/달러(1불 = 100엔, 1000원)

* 주 : 1999(한국은 1998년) 이후의 수치는 예측.
* 출처 : (재)일본정보처리개발협회 '미일 전자상거래의 시장규모 조사' 자료를 토대로 작성.
* 출처 : 한국전산원, 『2000 한국 인터넷 백서』 및 아더앤더슨 컨설팅 자료.

② 중개업자의 생략
③ 프로덕트 링크

기존의 비즈니스에서는 소비자에게 직접 판매하는 것이 불가능했지만, 이제는 e비즈니스로 인해 그것이 가능해지면서 기업은 개개인의 요구에 들어맞는 맞춤형 주문 제작을 하고 있다.

또 여러 제품과 서비스를 하나로 묶어 더 많은 정보, 선택 항목, 시간 절약이라는 측면에서 소비자에게 더 높은 부가가치를 제공할 수 있게 되었다.

이런 것들은 기업과 소비자(고객)의 관계 자체를 맞춤화한다는 마케팅 패러다임의 변화를 가져왔다.

B-to-C를 더욱 촉진시키는 요인으로는,

① 이용자의 정보 처리 능력

② 보안

③ 새로운 정보 기술 및 마케팅 전략의 필요성

등을 들 수 있다. 하지만 PC나 인터넷이 아무리 많이 보급되었다 해도 대다수 사람들에게 B-to-C 거래는 아직 익숙하지 않은 것이 현실이다.

또 소비자 중심의 e비즈니스 시장에서는 어느 정도 소비자의 자기 책임도 발생하게 된다. 그 때문에 기업은 소비자 보호 차원에서 다양한 고객 지원 구조나 환경을 구축해야 한다.

네트워크 사회의 발전과 그로 인한 e비즈니스 시장의 확대로 인해, 고객 정보를 유출하거나 일부 해커가 홈페이지에 침입해 프로그램을 파괴하는 일이 발생하고 있다.

전자상거래에 대한 우려로서, 이런 네트워크상에서 이뤄지는 거래나 개인의 신상 정보 보안에 대한 불신감을 갖고 있는 소비자가 아주 많다.

'니케이넷(NIK KEI NET)'의 크리스마스 선물 구입에 대한 온라인 시장 이용 동향 조사(1999년 12월 실시)에 따르면, '온라인 시장에서 선물을 구입하지 않겠다'고 대답한 사람의 거의 절반 정도가 '보안에 대한 불안'을 이유로 들었다.

비즈니스의 다양화로 거래 내용과 취급되는 정보가 복잡해지는 한편, 소비자도 정보 처리 능력이 향상되면서 보안에 대한 의식이 높아지고 있기 때문에, 기업은 소비자의 신상 정보 보안에 대해 지속적으로 개선해나가야 한다.

만약 정보 보안에 대한 대응을 소홀히 하면, 실제로 보안상의 문제가 발생했을 때 큰 대가를 치르게 된다. 경우에 따라서는 시장에서 퇴출당할 위기를 맞을 수도 있다.

또 인터넷이라는 새로운 미디어를 이용하는 B-to-C 시장에서는 그 발전에 따라 기존의 마케팅 전략으로는 경쟁 우위성을 구축할 수 없게 되었다.

앞에서 서술했듯이 커뮤니케이션을 비롯한 채널의 확대, 주문 제작의 고도화는 기업과 고객의 관계에 새로운 비즈니스 모델을 제시하고 있다. 따라서 기업은 기존의 모델에서 탈피해 이런 새로운 관계성 모델을 토대로 마케팅 전략 자체를 변혁시켜야 한다.

또 정보량의 급격한 확대나 정보 이용 능력의 향상으로 고객의 선택 항목이 비약적으로 확대되는 가운데, 자사(自社) 사이트에 더 많은 소비자를 불러들이기 위해서는 브랜드 파워를 강화시키는 것도 중요한 전략이 될 것이다.

이와 같이 B-to-C 시장에서 경쟁 우위성을 확립하기 위해서는 기존의 비즈니스에서 탈피한 새로운 비즈니스 모델을 구축해야 한다. 따라서 e비즈니스의 공급자는 국내·외의 성공 사례를 벤치마킹하면서 독창성 있는 인터넷 쇼핑 시스템의 기획과 파트너 기업과의 상관 관계를 새롭게 정의해 나가야 한다.

B-to-B

B-to-B는 B-to-C보다 거대한 시장이며, 그 성장 속도도 훨씬 빠르다. IDC(International Data Corporation)의 자료에 따르면, 1999년 세계 전자상거래 시장은 약 1100억 달러에 이르는 것으로

추정하고 있다. 이 중에서 B-to-B 시장이 70~85%를 차지하고 있다. 포레스터 리서치에 따르면 B-to-C의 시장 규모는 1998년 80억 달러에서 2003년에 1080억 달러로 늘어나지만, B-to-B 시장은 같은 기간 430억 달러에서 1조 3000억 달러로 성장할 것으로 예측하고 있다.

국내의 경우도 전자상거래의 열기는 쇼핑몰과 같은 B-to-C에서 시작하였으나 앞으로의 시장이나 기업들의 움직임을 볼 때, 향후의 e비즈니스는 B-to-B쪽에 더욱 초점이 모아질 전망이다.

일본의 경우 B-to-B는 미디어에 대한 노출도가 B-to-C보다 낮지만, 실제로는 그보다도 훨씬 폭넓게 시장에 침투해 있다.

일본의 B-to-B 시장의 거래 규모는 1998년에 900억 달러로 B-to-C 시장에 비해 훨씬 크다. 미국과의 격차도 작아서 금액으로는 약 절반 정도이고, 시간적으로는 약 1년 반 정도 뒤떨어져 있다.

2003년에는 일본의 거래 규모가 6800억 달러로 약 8배 정도 증가할 것으로 예측하고 있으며, 미국과의 격차도 지금과 비슷한 수준으로 진행될 것으로 전망하고 있다.

한국의 경우는 1999년 약 10억 달러에서 2003년에는 31억 달러로 확대될 것으로 전망하고 있다. 그러나 국내 기업 중 전자상거래를 도입한 기업은 전체의 49.1%에 그치고 있다.

정보통신 포럼 주제 발표시 김상현(KAIST 테크노 경영대학원) 교수는 이 가운데 30대 대기업의 경우 65.9%로 비교적 높은 비율을 보였으나 공기업 43.8%, 기타 기업 등은 51.1%에 불과하다고 밝혔다.

미국, 일본에 비해서는 아주 적은 규모이다. 이는 전략 운영 수익 경쟁 모델과 전반적 사업 모델 등 비즈니스 모델이 취약하고,

상품과 콘텐츠도 부족한 현실에서 기인한 것으로 볼 수 있다.

특히 불특정 다수 공급자와 구매자간의 상호 인식, 비교 가능한 상품 자재의 전자 카탈로그 데이터 베이스가 미흡한 수준이다. 또 업체마다 코드 번호, 품명, 규격, 단위, 단가 등이 달라 소비자들이 합리적 비교가 곤란하다는 것에서 비롯된다고 할 수 있다.

그러나 기업들의 전자상거래 도입이 빠르게 추진되는 추세여서 e비즈니스 시장은 크게 성장할 것으로 내다보고 있다.

B-to-B의 특징은 기업내의 기존 시스템이나 비즈니스 프로세스와의 동합에 있다.

B-to-B는 '거래의 전자화'뿐 아니라 그 최종적인 목적으로 비즈니스 프로세스의 효율화, 조직의 재정비, 수익 향상이 동시에 실현되어야 한다.

B-to-B에 대처하기 위해서는 단순한 테크놀로지만 도입해서는 안 된다. 왜냐하면 이것은 회사의 비즈니스 가치 사슬을 근본부터 재검토해 새롭게 구축하는 방법밖에 없기 때문이다.

그러기 위해서는 기업의 경영진이 e비즈니스를 전략적인 경영 과제로 인식하고, 회사 차원에서 프로젝트를 추진하기 위한 주도권을 잡아야 한다.

또 e비즈니스의 혜택을 최대한 활용하기 위해서는 반드시 기존의 ERP(전사적자원관리), 공급 사슬(Supply-Chain), 데이터 베이스(Data-Base) 시스템과 인터넷 기술과의 융합이 필요하므로, 사업 부문과 정보 시스템 부문 사이에 긴밀한 협력 체제를 구축하는 것이 중요하다.

B-to-B의 가장 큰 리스크 중의 하나는 바로 법 제도가 아직 정비되지 않았다는 점이다. 기업간의 관계 확립은 고객과의 관계보

다 훨씬 복잡하며, 거액의 거래액이나 세금이 관련된 문제이므로 조속한 법 정비가 필요하다.

앞으로의 B-to-B 시장에서는 규모의 확대뿐만 아니라 고도의 비즈니스 활용 능력이 요구된다. 중소기업을 비롯한 모든 거래처의 확대, 각종 거래 정보의 통합 등 e비즈니스를 다방면으로 활용하여 사업 구조와 산업 구조를 변혁해나가야 한다.

B-to-B의 e비즈니스에 관련된 기업은 국내·외의 가치 사슬이나 EDI 시스템의 성공 사례를 분석해 최적의 시장 입지 결정, 파트너 기업과의 거래 관계 정립, 새로운 가치 사슬 시스템의 기획 등을 해야 한다.

52쪽의 'B-to-B 시장 규모와 예측' 그래프를 통해 본 미래의 e비즈니스 시장 규모를 예측한 수치는 상당히 긍정적이다. 하지만 시장의 확대가 당장 엄청난 수익 개선을 약속하지는 않는다. 또 e비즈니스의 시장 규모 조사는 해외 컨설팅사를 비롯, 그밖에도 많은 회사가 조사하고 있지만 그 수치가 모두 다르다.

이것은 각 회사의 e비즈니스에 대한 정의가 정립되지 않은 점도 이유 중의 하나라고 생각된다. 하지만 시장의 확대를 촉구하는 보안, 전자 결제 기술, 법 정비라는 사업 환경에 관한 불확정 요소가 아직 남아 있다는 점도 부정할 수 없다.

e비즈니스는 분명 새로운 트랜드이며, 잠재력이 큰 비즈니스 기회이기도 하다. 하지만 성공을 할 수 있는 사람은 e비즈니스의 가치를 이해하고, 기업 고유의 비즈니스 모델을 구축해 그 모델을 실현할 수 있는 사람뿐이다.

B-to-B 시장 규모와 예측

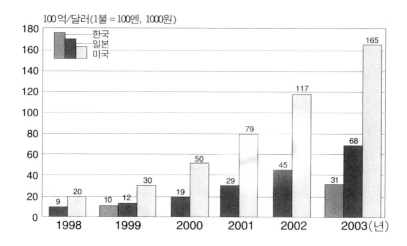

100억/달러(1불 = 100엔, 1000원)

* 주 : 1999년 이후의 수치는 예측.
* 출처 : (재)일본정보처리개발협회 '미·일 전자상거래의 시장규모조사' 자료를 토대로 작성.
* 출처 : 「정보통신 포럼」 주제 발표 자료(김상현, KAIST 테크노 경영대학원 교수).

제2절 *e*비즈니스로의 흐름

1. *e*비즈니스의 역사

　인터넷이 등장하면서 폭발적으로 시장이 확대되긴 했지만, e비즈니스라는 개념의 유래는 이미 실용화된 EDI나 CALS에서 찾을 수 있다. EDI나 CALS 모두 항상 '효과와 효율(Effectiveness & Efficiency)'을 추구하고 있는데, 그것은 지금의 e비즈니스에서도 변함없다.

효율과 생산성

　기업간 거래의 메커니즘은 비즈니스의 '효과'와 '효율'의 추구에 따라 진화하고 발전해 왔다.

'효과'는 거래되는 상품과 서비스, 정보의 품질이나 가치를 높이는 것이고, '효율'은 그것에 드는 비용을 절감하는 것이다.

EDI나 CALS에서 유래한 e비즈니스의 역사는 네트워크 기술을 이용해 비즈니스의 '효과'와 '효율'을 추구해온 산업계의 발자취인 것이다.

EDI

EDI(Electronic Data Interchange : 전자문서교환)는 e비즈니스 역사의 출발점이며, B-to-B에서는 아직까지 핵심적인 테크놀로지다. 이것은 수발주(受發注)나 결제, 수송 등의 업무에 관한 거래 정보를 컴퓨터 네트워크를 통해 전자적으로 교환하는 것을 말한다.

미국과 유럽을 중심으로 1980년대 후반부터 기업간의 정보 통신 인프라의 하나로 지금까지 많은 기업에 이용되어 왔다. 일본에서는 당초 수발주 데이터의 교환이 중심이었는데, 1990년대 전반부터 결제나 물류 업무까지 적용 범위가 확대되었다.

EDI는 전통적으로 공급자와 고객 그리고 금융기관을 연결하는 VAN(Value Added Network : 부가가치통신망)을 통해 이루어져 왔다. 이것은 전용 네트워크라는 폐쇄된 네트워크였기 때문에, 인터넷 같은 공공의 네트워크보다 보안면에서는 안전하다는 특징이 있다.

EDI는 상거래의 전자화(Paperless)에 크게 기여했다. 일반 비즈니스에서 우편이나 팩시밀리로 교환되었던 종이(Paper Base) 문서를 전자식으로 처리함으로써, 서류가 산더미처럼 쌓이는 것을 막는 데 성공했다.

또 EDI는 업무 프로세스의 효율화에도 공헌하고 있다. 전화를 걸거나 여러 개의 데이터를 수동으로 입력하던 수고를 덜고, 복잡한 상거래 프로세스를 간소화함으로써 효율과 생산성의 향상을 가져왔다. 이로 인해 비즈니스의 성장에 따른 거래량의 확대에도 손쉽게 대응할 수 있게 되었다.

EDI는 대기업을 중심으로 지금도 널리 사용되고 있다.

특히 BPR(Business Process Reengineering)이나 SCM(Supply Chain Management : 공급사슬관리)에 EDI를 이용하는 기업에서는 여전히 업무 수행의 중요한 인프라다.

그렇지만『포춘』이 선정한 세계 1,000대 기업 중 95%가 EDI를 도입하고 있는 반면, 선정되지 않은 기업은 겨우 2% 밖에 도입하지 않았다. 그 이유에는 두 가지가 있다.

첫째는 비용의 문제다. EDI를 도입하여 전자적인 상거래를 하기 위해서는 인프라의 정비나 유지에 많은 비용이 필요하다. 따라서 중소기업이 EDI를 도입하는 데 큰 장벽이 되고 있다.

이 때문에 EDI 이용자인 대기업은 아직 도입하지 못한 거래 기업이 많아 EDI의 효과를 충분히 다 발휘하지 못해 업무 수행에 지장을 받고 있는 실정이다.

둘째 이유는 업계의 경계를 벗어난 네트워크를 구축하기 어렵다는 것이다. 데이터의 순서나 길이를 정한 프로토콜(Protocol)이 업계마다 독자적인 EDI 표준으로 정비되어왔기 때문에, 다른 프로토콜을 가진 업계의 업무 프로세스와 통합하기가 어려워 업계를 초월한 거래나 소규모 거래에는 적합하지 않았다.

CALS

CALS의 정의를 하는 것은 사실 쉬운 문제는 아니다. CALS는 일반적으로 'Continuous Acquisition and Life-cycle Support'의 약자로, '계속적 구매와 제품 구매 과정의 지원'이라고 번역되는 경우가 많았다.

그러나 민간 제조업 등에 적용되면서 최근엔 'Commerce At Light Speed : 광속 상거래'란 뜻으로 쓰이고 있다.

이 명칭은 1985년 맨 처음 미국 국방부에서 투자 효율을 높이기 위해 도입한 개념으로, '컴퓨터를 통한 군수물자구매'에 활용하기 위한 시스템 규격 'Computer Aided Logistics Support'에서 처음 시작되어, 'Computer Aided Acquisition and Logistics Support', 'Continuous Acquisition and Life cycle Support', 그리고 1995년에 미국 상무부가 정의한 'Commerce At Light Speed'라는 뜻으로 변천해왔다.

CALS는 컴퓨터와 네트워크, 데이터 베이스 시스템을 조합, 설계·개발·구매·생산·판매 등 표준화된 정보를 공유하는 '생산조달운영정보 시스템'의 총칭으로, 1985년부터 시작된 미국 국방부의 후방지원 시스템의 디지털화 프로젝트에서 유래한 것이다.

이후 CALS의 적용 범위가 방위산업 중심에서 일반 기업으로 확대되면서, 기업의 제조 공정을 중심으로 원자재 구매나 제품 관리, 문서 관리, 외부 조직과의 거래를 전자화함으로써 생산 효율을 향상시키는 시스템이 되었다.

먼저 미국의 대기업이 적극적으로 도입하기 시작했는데, 일본의 경우는 1995년부터 통산성에서 적극적으로 도입해 활발히 연구하게 되었다.

시대에 따라 그 형태가 변하고 조금씩 적용 범위가 확대되긴 했지만, 그 근본은 '데이터의 공유'에 있다. 제품 구매 과정에 관련되는 모든 사람이 그 과정에서 발생하는 모든 정보를 전자화해, 각자 필요한 정보를 공유함으로써 업무와 제품의 품질, 생산성을 향상시켜 구매 과정 전체에 드는 비용을 줄이려는 것이 CALS의 기본 개념이다.

CALS는 생산자와 고객간에 제품과 서비스에 관한 정보를 공유하고, 동시에 기업간에 설계·제조·구매·결제를 모두 컴퓨터 네트워크상에서 하기 위한 표준 규격이며, 데이터의 표현 형식이나 데이터의 교환 절차 등을 정한 규격들로 구성된다.

다른 조직과 기관과의 정보 교환이나 공유를 원활히 하기 위해 정보를 전자화함으로써 비용 절감이나 납기 단축, 품질 확보, 서비스 향상 등의 효과를 얻을 수 있으며, 결과적으로는 사업 전체의 효율화와도 연결된다.

이런 개방된 환경으로 인해 글로벌 베이스에서 최강의 기업팀을 만들 수 있게 된다. 동시에 글로벌 베이스에서 '대경쟁 시대(大競爭時代)'의 도래를 알리는 것이기도 하다.

결국 '광속 상거래'는 현재의 B-to-B, 즉 e비즈니스의 기초라고 할 수 있다.

인터넷

e비즈니스의 최대 패러다임이자 기폭제가 된 것이 바로 인터넷의 등장이다. 비용면에서 많은 문제점을 갖고 있던 VAN 대신 주

목을 받으며, 동시에 개방된 환경을 만들어낸 것이 인터넷이다. 이 것은 VAN에 비하면 비용이 아주 싸며, 기본적으로는 무료 네트워크라는 사실이다.

인터넷은 원래 '네트워크(Network)의 네트워크(Network)'로 정의되는 것으로, 전세계 컴퓨터를 하나로 연결하는 통신망이다.

처음에는 정보 공유를 위해 출발한 인터넷이 점차 상업 용도로 활용되면서, 개인이나 기업을 연결하여 경이적인 규모와 속도로 순식간에 범세계적 통신망으로 자리잡았다. 이것은 미증유(未曾有)의 비즈니스 기회를 창출해낸 것이다.

인터넷의 역사는 1969년 미국 국방부에서 연구원들과 군납업체, 그리고 연구기관이 정보를 공유하기 위해 설립한 고등연구계획국(DARAPA)의 알파넷(ARPANET : Advanced Research Projects Agency Network)의 개발에서 시작된다.

원래 알파넷은 미국 국방부의 군사 연구 효율화를 목적으로 만들어진 네트워크인데, 캘리포니아 대학에 겨우 4대의 컴퓨터를 접속한 것이었다. 그 후 1980년대 전반에는 군사 목적의 연구에서 벗어나 미국내 대학이나 연구소를 연결하는 네트워크가 되었다.

이 네트워크는 이용자의 꾸준한 활동으로 발전하여 인터넷상에 대량의 정보가 축적되어 나아갔다. 1990년에는 상업적인 이용이 개시되면서 미국의 '정보 슈퍼 하이웨이 구상' 속에 그 기반과 자리를 잡아 단숨에 전 세계의 주목을 받았다.

그리고 1989년 스위스의 유럽물리학연구소(CERN)에서 개발된 월드와이드웹(WWW : World Wide Web)과 1993년 마크 앤드리슨(넷스케이프 공동 설립자)을 주축으로 하는 미국 일리노이 대학 Urbana-Champaign 교의 NCSA(the National Center for Super-

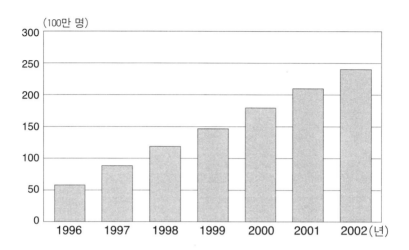

세계 인터넷 이용자수 추이

(100만 명)

* 주 : 1999년 이후의 수치는 추계.
* 출처 : Jupiter Communication의 자료를 토대로 작성.

computing Application) 그룹에 의해 개발된 최초의 웹브라우저 '모자이크(Mosaic)'라는 두 가지 테크놀로지의 혁신적인 개발을 거쳐, 인터넷은 폭발적으로 퍼져나갔다.

이와 같은 기본 기술의 개발과 함께 컴퓨터의 고성능화와 윈도우의 등장으로 더욱 확대되어, 지금은 세계의 인터넷 이용자수는 1억 6000만 명에 달하고 있다.

웹브라우저 모자이크가 개발된 1993년 당시에는 일부 기업만이 비즈니스 상품이나 서비스의 정보 발신을 시작했을 정도로 미미했다. 그 후 IT 관련 기업이 중심이 되었던 웹은 1995년부터 많은 기업에서 마케팅 커뮤니케이션을 위해 적극적으로 활용하게 되었다.

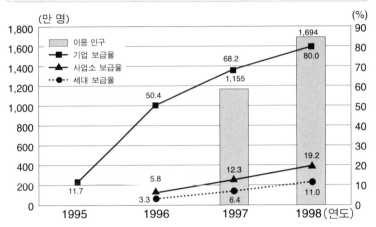

일본의 인터넷 보급 현황

(만 명)
1,800
1,600
1,400
1,200
1,000
800
600
400
200
0

(%)
90
80
70
60
50
40
30
20
10
0

1995   1996   1997   1998(연도)

이용 인구
기업 보급율
사업소 보급율
세대 보급율

1,694
1,155

68.2
80.0
50.4
11.7
5.8
3.3
12.3
6.4
19.2
11.0

* 주 1 : 사업장은 전국의(우편업 및 통신업을 제외한) 종업원수 5명 이상인 사업장.
* 주 2 : 기업은 전국(농업·임업·어업 및 광업을 제외한)의 종업원수 3000명 이상인 기업.
* 출처 : 우정성 『통신이용동향조사』, 우정성 『기기이용조사』 등을 토대로 작성.

    웹에서 전개되는 온라인 쇼핑 등 e비즈니스에서 벤처기업이 대두되기 시작한 것도 바로 이때부터다. 앞에서 말한 앤드리슨이 공동 설계자의 한 사람으로 참여했던 넷스케이프가 1995년 미국 역사상 제3위의 높은 주가로 나스닥에 상장되었다는 사실은, 그 이후 인터넷 경제의 경이적인 성장을 암시하는 상징적인 사례였다.

    그럼, 일본의 상황은 어떨까? 일본의 인터넷은 1984년부터 활동이 시작되어 1993년부터 폭발적인 붐을 일으키게 되었다. 그 계기는 바로 월드와이드웹(WWW)이었다.

    우정성 『통신백서』 1999년판에 따르면, 1998년도 일본의 인터넷 이용 인구는 전년도대비 46.6% 증가한 1700만 명에 달했다. 세대

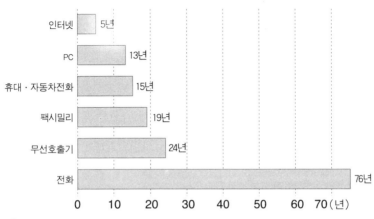

* 출처 : 우정성 「통신이용동향조사」를 토대로 작성.

보급률이 10%에 이르기까지 전화가 76년, 팩시밀리가 19년, 휴대
전화가 15년, PC도 13년이나 걸렸다는 것을 생각하면, 일본에서도
그 폭발적인 보급 속도를 잘 알 수 있을 것이다.

하지만 30~40%대의 인터넷 보급률을 자랑하는 북유럽이나 미
국과 비교하면, 일본의 13.4%라는 수치는 아직도 낮다고 할 수 있
다. 앞으로는 광섬유망 같은 인프라 정비, 이용 요금의 인하, 정보
가전 제품의 보급 등으로 급속한 인터넷 보급이 기대되고 있다.

일본에서는 이 흐름에 다시 새로운 변화가 일어나고 있다. 즉 모
바일화의 조류이다. NTT도코모 그룹의 '¡ 모드'는 서비스 개시 반
년 후인 1999년 8월에 이미 100만 명의 계약자를 획득했다.

이런 모바일 환경의 확대가 바로 e비즈니스 확대의 새로운 기폭
제가 된 것이다.

2. 패러다임의 변화(Paradigm shift)

인터넷의 보급이 e비즈니스로의 흐름에 기폭제가 된 것은 분명하다. 하지만 e비즈니스가 형성되는 패러다임은 이것만이 아니다.

여기서는 시장을 e비즈니스로 향하게 한 메트카프 법칙, 무형 자산, 수확체증(收穫遞增) 메커니즘이라는 패러다임, 그리고 현재 일어나고 있는 뉴 이코노미 시대의 가장 중요한 열쇠가 되는 '소비자 주도 시장(Buyers Power Market)'이라고 불리는 새로운 힘에 대해 설명하겠다.

소비자 주도 시장

디지털 기술을 토대로 하는 뉴 이코노미 시대에 가장 중요한 포인트가 되는 것은 '소비자 주도'의 증대라는 패러다임이다. 인터넷이 만들어내는 상호 커뮤니케이션을 축으로 한 새로운 시장에서 소비자가 미치는 힘은 기존의 그것과는 아주 다르다.

인터넷상에서는 물건과 서비스를 구입하기 전에 소비자 스스로 필요한 정보를 원하는 만큼 수집할 수 있다. 또 소비자는 그 정보를 토대로 여러 공급자의 상품과 서비스를 비교하고 교섭한다.

그러므로 상호 커뮤니케이션 환경에서 공급자는 소비자가 찾는 정보를 완벽하고 신속하게 제공하지 못하면, 물건과 서비스를 팔수 없으며 그에 대한 판매 이익을 기대할 수 없다.

이와 같이 정보가 패키지화되어 광범위하고 복잡한 시대를 대신해, 실제로 판매되는 물건과 서비스를 둘러싼 정보 자체가 소비 가치를 갖는다.

또한 이런 상호 커뮤니케이션의 축적이 인터넷의 새로운 힘으로 탄생하는 '브랜드 파워'와 시장의 특정 요구에 대해 전략적인 제휴를 통해 보다 더 나은 가치를 제공하기 위한 다양한 협력업체(Vendor)의 집합체, 즉 '가치 네트워크'를 만들어내는 것이다.

'소비자 주도 시장'의 특징은 다음과 같다.

- 공급자보다 소비자가 주도권을 갖는다
- 구입 전에 상호 커뮤니케이션이 이뤄진다
- 정보의 소비 가치를 갖는다
- 서비스의 맞춤화(개인화)가 이뤄진다
- 상호 커뮤니케이션이 발생하는 브랜드 파워

이외의 상세한 내용은 제2장 'e비즈니스가 기존 비즈니스에 미치는 영향' 중 '공급자와 소비자의 새로운 관계'에서 설명하겠다.

메트카프 법칙

메트카프 법칙이란, 이더넷(Ethernet)의 발명자이자 쓰리컴 사의 설립자인 밥 메트카프가 1995년에 제창하기 시작한 '네트워크 가치는 가입자수에 비례해 증가하며, 어느 시점부터 그 가치는 비약적으로 높아진다'는 법칙이다.

예를 들어, 팩시밀리가 처음 등장했을 때는 모처럼 팩시밀리를 구입해도 보낼 상대가 없거나 아무도 보내오지 않는 상태가 계속되어 커뮤니케이션 수단으로서의 이점을 충분히 발휘할 수 없었다.

그러나 그 보급 대수가 서서히 증가함에 따라 송수신할 수 있는

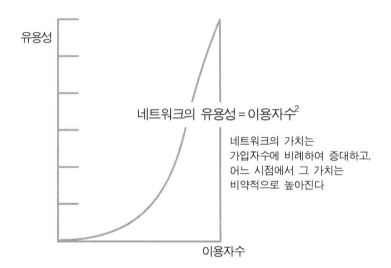

메트카프 법칙

유용성

네트워크의 유용성 = 이용자수^2

네트워크의 가치는
가입자수에 비례하여 증대하고,
어느 시점에서 그 가치는
비약적으로 높아진다

이용자수

상대도 많아져 충분히 혜택을 누릴 수 있게 되었다.

또한 팩시밀리 사용자가 증가하면 팩시밀리 판매사들의 경쟁이 심해져, 결과적으로 기술의 발전을 가져오기 때문에 새로운 기능을 가진 팩시밀리가 계속 시장에 출시되는 것이다.

이와 같은 내용은 인터넷 접속 인구의 증가를 기폭제로 하는 e 비즈니스에도 딱 들어맞는다.

무형 자산(Intangible Assets)

① 유형 자산(Tangible assets)

지금까지의 자산(assets)은 대부분 물적(고정) 자산이나 금융 자

산을 가리키며, 소위 '눈에 보이는 자산(Tangible assets)'이라는
의미로, 다음의 2가지 가치로 분류하고 있다.

- 물적 자산(Physical) ─ 토지, 공장, 설비, 재고 등
- 금융 자산(Financial) ─ 현금 예금, 투자신탁, 매도 채권, 부채
  나 자본 등

② 무형 자산(Intangible assets)

유형 자산에 비해 뉴 이코노미 시대에는 '눈에 보이지 않는 자산
(Intangible assets)'의 중요성이 매우 높아지고 있다.

인터넷 관련 기업이나 정보 관련 기업을 중심으로 시장 가치와
실질 자산이 크게 차이나는 기업이 늘고 있으며, 그 차이를 설명하
는 요인이 바로 무형 자산이다.

아더앤더슨에서는 가치 역학(Value Dynamics)이라는 프레임
(frame)을 개발해, 무형 자산을 비롯하여 전체적으로 고객의 가치
를 평가하려는 시도가 시작되고 있다.

가치 역학에서는 무형 자산을 고객 자산(Customer), 공급자 자
산(Employee & Supplier), 조직 자산(Organizational)의 3가지 가
치로 분류하고 있다.

- 고객 자산 ─ 고객, 판매 채널이나 판매 제휴처 등
- 공급자 자산 ─ 인재 및 공급업자, 전략적 파트너십 등
- 조직 자산 ─ 명성, 경영자의 리더십, 전략, 브랜드, 기업 문화,
  프로세스, 조직 구조, 지식, 지적소유권 등

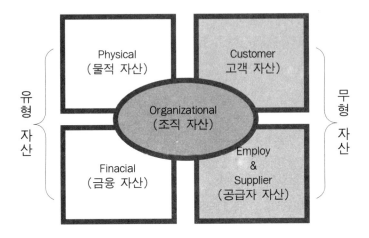

델 컴퓨터나 아마존닷컴 등에서는 기업 가치의 80% 이상을 무형 자산이 차지하고 있다. e비즈니스 선진 기업들은 무형 자산을 강화해 이해 관계자(stakeholder)에 대해 독자적인 가치를 어필함으로써, 자금이나 인적 자원, 파트너와의 전략적 제휴를 실현해 왔다. 또한 주식시장에서 조달한 풍부한 자금력을 기반으로 기업 가치를 높이기 위한 연구·개발에 재투자해 호황을 누려 왔다.

수확체증의 메커니즘

미국의 뉴멕시코 주에 있는 산타페 연구소의 브라이언 아더 교수는, 대량생산 시대를 지배했던 '수확체감(收穫遞減)'의 원리가 오늘날과 같은 하이테크 산업에는 적당하지 않다고 생각했다.

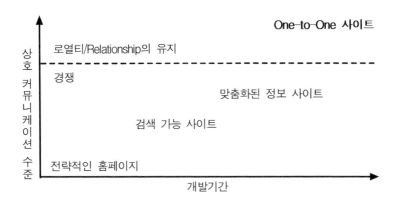

고객의 경험에 대한 초점이 고정화를 발생한다

One-to-One 사이트

상호 커뮤니케이션 수준

로열티/Relationship의 유지

경쟁

맞춤화된 정보 사이트

검색 가능 사이트

전략적인 홈페이지

개발기간

* 출처 : Broadvision의 자료를 토대로 작성.

여기서 아더 교수가 말하는 '수확체감'의 원리는, 어떤 사업 규모
를 초월하면 급격히 수익이 저하한다는 원리이다.

그에 따르면 '수확체감'의 메커니즘은 경제의 전통적인 분야인
제조업에 지배적인 반면, '수확체증'은 경제의 새로운 분야 즉, 지
식 주도형 산업을 지배하는 것이다.

수확체증이란, 산업 규모가 두 배가 되면 생산이 더욱 효율적으
로 이루어져, 산출량이 두 배 이상이 된다는 '규모의 경제'를 설명
하는 법칙이다.

아더 교수에 의하면, 수확체증의 법칙은 '성공하고 있는 기업은
더욱 번창하는 반면, 우위성을 상실한 기업은 점점 더 약체화되는
경향'으로, '시장, 비즈니스, 산업에서 성공한 기업을 더욱 강화하
고, 손해를 본 기업을 더욱 약하게 하는 포지티브 피드백(Positive

Feedback)의 메커니즘'이라고 정의된다.

예를 들어, 소프트웨어 개발의 경우 초기에는 많은 비용이 투자되지만, 한 번 개발된 이후로는 내용을 원하는 만큼 복사할 수 있어 대량으로 생산하면 할수록 비용은 패키지 원가에 가까워지는 것이다.

일단 어느 정도의 이용자수만 확보하면, 메트카프 법칙에 따라 다른 사람들도 그 소프트웨어를 사게 되고, 그로 인해 상승한 시장이 다시 새로운 이용자를 획득하는 원동력이 된다.

이렇듯 새로운 경쟁이 계속 시작되면서 그 생산자는 대단한 성공을 거둘 수 있으며, 시장에서의 경쟁 우위성도 확대된다.

e비즈니스에 관해서도 '초기 투자 부담은 크지만, 한 번 경쟁력 있는 프로그램을 개발하면 급속도로 시장이 확대되고, 단위 비용의 저하로 수익이 체증(遞增)해나간다'고 아더 교수가 그 우위성을 지적한 것처럼, 이 법칙의 메커니즘이 작용한다.

e비즈니스를 기폭제로 구조 개혁을 추진하는 기업이 경쟁력을 향상시키는 반면, 뒤처진 기업은 대기업이라도 시장에서의 우위성이 크게 떨어지는 사태가 현실적으로 발생하고 있다.

대기업이 기존의 상관습에 얽매여 제대로 움직일 수 없는 반면, e비즈니스의 노하우로 앞서가는 외국인 투자기업이나 벤처기업이 빠르게 기존의 시장을 잠식하는 예도 적지 않다.

제 2장

e 비즈니스가 기존 비즈니스에 미치는 영향

e비즈니스에 가장 큰 영향을 받는 업종은 금융, 엔터테인먼트, 여행 등 제품과 서비스가
주로 물리적인 물건이 아니라 정보 자체인 산업이나 서비스 지향 산업이다.

제1절 *e* 비즈니스가 산업에 미치는 영향

e비즈니스가 등장하기 전에 형성된 비즈니스가 e비즈니스의 등장으로 인해 어떤 영향을 받는지에 대해 고찰해 보겠다.

이 물음에 대답하기 위해서는 먼저 아래 질문을 생각해 보는 것이 효과적일 것이다.

① **경쟁** ― 만약, 경쟁사가 같은 품질의 상품을 더 싸고 신속하게 훌륭한 고객 맞춤 서비스로 제공한다면 어떻게 대응하겠는가?

② **새로운 제품** ― 어떤 제품과 서비스가 제공되는 시점에서 품질이 가장 뛰어났다 해도, 이미 고객의 욕구에 만족하지 못하게 되었을 때, 최소한의 비용으로 신속하게 생산라인을 개량해, 고객의 욕구에 대응할 수단을 갖고 있는가?

③ **고객의 진화** ― 고객이 새로운 구매 방법을 발견해 그 가치를 찾아내고 있다면?

④ 비용 구조 ― 경쟁사가 그 주요한 기능을 신뢰할 수 있는 제 3자(Third-Party)에 아웃소싱함으로써 비용을 대폭 절감했다면?

⑤ 채널 마케팅 ― 만약, 판매업자나 유통업자가 경쟁사와 비즈니스하는 것이 더 유리하다고 생각하고, 고객과 함께 경쟁사로 가버렸다면?

누구나 이와 같은 시나리오는 결코 원하지 않을 것이다. 하지만 e비즈니스의 물결은 앞으로 이런 상황을 빈번하게 발생시킬 가능성이 많다.

지금 새롭게 떠오르는 경쟁사나 아직 들어본 적도 없는 기업이 놀랄 만큼 유연하게 저비용·고품질의 제품과 서비스를 제공할 가능성은 항상 존재한다.

e비즈니스에 의해 가장 큰 영향을 받는 업종은 금융, 엔터테인먼트, 여행 등 제품과 서비스가 주로 물리적인 물건이 아니라 정보 자체인 산업이나 서비스 지향 산업이다.

인터넷은 정보를 전달하기엔 훌륭한 수단이므로 전자적인 데이터로 교체할 수 있는 정보, 가령 계좌 잔액 조회나 입금 의뢰, 증권의 매매 의뢰나 입출금 확인, 광고의 페이지나 화상, 음악이나 비디오 등의 소프트, 배낭 여행의 예약이나 취소 등을 고객의 컴퓨터와 기업이 서로 간단히 교환할 수 있다.

지점이나 점포에 고객이 나갈 필요성이 대폭 줄어들면, 기업 입장에서는 판매용 시설이나 점포 유지에 드는 비용이 큰 부담이 된다. 하지만 대부분의 고객이 인터넷을 이용하지 않고 있으며, 인터넷 거래를 선호하지도 않는다.

e비즈니스가 산업에 미치는 영향

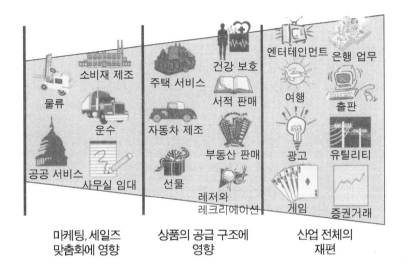

* 출처 : 가트너 그룹(GG2000-AND-001)의 자료를 토대로 작성.

　따라서 인터넷상에서 제공하는 제품과 서비스에는 점포에서 제공하는 것과는 다른 가치가 포함되어 있어야 한다.

　소매업이나 유통업 등 소비자를 주요 고객으로 하는 산업에서는, 가능한 한 중개업자를 경유하지 않는 직접 판매 같은 비즈니스 모델이 시도되고 있다.

　제품이 생산된 후 소비자의 손에 건네질 때까지 도매업자를 거치는 등, 제품의 유통에 중개업자가 여러 명 끼어 있었던 기존의 소매 유통업 비즈니스 모델에 생산자와 소비자를 직접 연결하는 인터넷은 큰 위협이 되고 있다.

제조업 등의 생산자는 중개업자를 거치지 않고 고객의 소비 동향을 직접 파악함으로써 민첩한 마케팅을 할 수 있게 되고, 회사의 유통 기구를 이용하거나 물류 기능을 제3자 물류업체에 위탁(Third-Party Logistics)해, 상품을 직접 소비자에게 전달함으로써 물류 비용을 절감해 상품 자체의 저가격화에도 반영할 수 있다.

중개업자도 고도의 물류 시스템이나 업계·업종의 독자적인 노하우만 보유하고 있으면, 인터넷을 이용해 스스로를 e비즈니스의 새로운 형태의 정보중개자(Infomediaries)로 변신할 수 있다.

인터넷이 비록 시간과 공간의 제한을 없앴나 해도 상품과 서비스를 제공하는 공급자와 그것을 바라는 고객을 효율적으로 연결할 수는 없다.

일반적으로 동종의 제품과 서비스를 제공하는 공급자와 그것을 찾는 고객의 수가 많아지면, 중개업자가 창출하는 가치도 그만큼 커진다.

예를 들어, 전통주(酒)나 지방 특산주는 전국에 산재한 술 제조업자에 의해 생산되고 있는데, 설령 모든 술 제조업자가 홈페이지를 개설했다해도 좋은 술을 찾아서 인터넷을 검색하는 고객에게 신속히 접근하기는 어렵다.

대신 전통주나 지방 특산주에 정통하고 고객의 기호에 맞게 적절한 조언을 할 수 있으며, 효과적인 선전으로 많은 소비자에게 인지된 중개업자와 거래하면 판매 기회가 확대될 가능성이 훨씬 커진다.

이 밖에도 업계나 업종에 따라 e비즈니스가 기존의 비즈니스에 미치는 영향은 다양하다. 따라서 이런 영향을 미치는 e비즈니스의 특징에 대해 몇 가지 살펴보겠다.

1. 비즈니스 사이클에 미치는 영향

e비즈니스는 기존의 구매 사이클이나 조달 사이클의 모든 프로세스에 영향을 미치고 있다.

76쪽 'e비즈니스가 비즈니스 형태를 변화시킨다'의 표는 비즈니스의 속도, 제품의 속성, 가격 설정 방법, 생산 타이밍, 제공하는 가치, 전략적인 자산 등 비즈니스를 특징짓는 요소를 '전통적 비즈니스', '초기 단계의 웹', 'e비즈니스'로 구분해 비교한 것이다.

• 직접 판매 — 중개업자의 소멸

  e비즈니스에서는 점포가 필요없기 때문에 제조업자가 직접 소비자에게 상품을 판매할 수 있다. 이와 같은 직접 판매 방식의 도입은 판매할 때 중간 비용을 절감하고, 동시에 소비자의 주문을 받고 나서 제품을 생산하는 주문 생산(BTO : Build To Order)을 가능하게 했다.

  BTO의 장점은 소비자 자신이 필요로 하는 사양의 제품을 주문할 수 있으며, 보다 싼 가격으로 구입할 수 있다는 점이다. 한편 제조업자는 재고를 쌓아둘 필요가 없기 때문에 재고 관리에 드는 비용을 절감할 수 있으며, 항상 최신 제품을 판매할 수 있게 된다.

• 신뢰성 — 하루 24시간, 1년 365일 영업

  고객의 요구가 계속 높아지고 있으므로 항상 그에 대처하는 방법을 찾아나가야 한다.

• Scalability — 글로벌 마켓(Global Market)

e비즈니스가 비즈니스 형태를 변화시킨다

	전통적 비즈니스	초기 단계의 웹	e비즈니스
속도	매주	매일	매분
제품 속성	공급자가 선택	공급자가 선택	소비자가 선택
가격	리스트	리스트	시장이 형성
생산	판매 전	판매 전	판매 후
가치 제공	제품	정보	통합 서비스
전략적 자산	장소	외관	소비자 정보

* 출처 : Forrester Research의 자료를 토대로 작성.

시간과 장소에 구애받지 않고 비즈니스를 하기 위해서는 비즈니스 모델 자체를 불안한 상태로 내버려두어서는 안 된다. 이런 현상은 특히 B-to-C 시장에서 흔히 볼 수 있다.

• 속도─유동적인 미디어

소비자는 경쟁사의 상품과 서비스에 관한 정보와 그 평가를 언제라도 갱신할 수 있다. 따라서 항상 상품과 서비스를 개량하지 않으면 진화하는 고객의 요구를 따라가지 못하고, 결국 고객을 잃어버리게 될 것이다.

2. 공급자와 소비자의 새로운 관계

비즈니스 형태의 진화는 e비즈니스에서 공급자와 소비자의 관계에 극적인 변화를 가져온다. 제1장의 '패러다임의 변화'에서도 언급했듯이, 인터넷에 의한 공급자와 소비자의 상호 커뮤니케이션 환경 속에서 소비자의 주도권이 점점 더 증대하고 있다.

먼저 e비즈니스 시장에서는 '왜 공급자에서 소비자로 주도권이 이동하는가?'에 대해 고찰해 보자.

기존의 공급자와 소비자의 관계에서는 판매되는 상품과 서비스에 관한 정보에 대해 주로 공급자가 주도권을 잡고 있었다. 이런 압도적인 정보 수집력을 배경으로 공급자는 시장에서 주도권을 잡고 거래를 유리하게 전개해 나아갈 수 있었다.

결국 소비자는 공급자의 정보 제공에 대해 대가를 지불해 왔다. 그러나 인터넷이 보급됨에 따라 판매되는 상품과 서비스에 관한 풍부한 정보를 소비자가 자유롭게 수집할 수 있는 환경이 마련되면서 정보에 대한 공급자의 우위성은 급속히 소멸하고 있다.

또한 인터넷상에서 공급자와 소비자를 연결하고, 여러 공급자가 공급하는 상품과 서비스의 기능이나 가격을 소비자가 신속하게 비교할 수 있는 시장(Marketplace)을 주도할 새로운 중개업자의 등장이 큰 역할을 하고 있다.

소비자에게 매력적인 시장을 제공하는 중개업자가 주도하는 웹사이트에는 많은 소비자를 끌어 모으는 힘이 있으며, 이런 집객력(集客力)을 바탕으로 수량적인 면에서 구매력(Buying Power)을

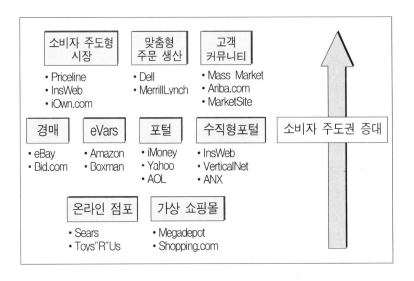

소비자의 주도권 증대에 의한 시장 변화

소비자 주도형 시장	맞춤형 주문 생산	고객 커뮤니티
• Priceline	• Dell	• Mass Market
• InsWeb	• MerrillLynch	• Ariba.com
• iOwn.com		• MarketSite

경매	eVars	포털	수직형포털
• eBay	• Amazon	• iMoney	• InsWeb
• Bid.com	• Boxman	• Yahoo	• VerticalNet
		• AOL	• ANX

온라인 점포	가상 쇼핑몰
• Sears	• Megadepot
• Toys"R"Us	• Shopping.com

소비자 주도권 증대

획득한 것도 소비자에게로 주도권이 이행되는 중요한 요인이 되고 있다.

일반적인 구매 목적을 가진 소비자가 구매 조건을 제시하면, 공급자가 소비자의 구매 정보를 토대로 판매권을 경합하는 역경매(Reverse Auction)형 비즈니스 모델의 등장이 소비자로의 주도권 이행에 더욱 박차를 가하고 있다.

이어서 e비즈니스에서 비즈니스 형태의 진화와 소비자의 주도권 획득 과정과의 관계에 대해 살펴보자.

위의 그림은 e비즈니스에서의 비즈니스 형태 진화를 나타내고 있다. e비즈니스를 시작할 때 대부분의 기업은 온라인 점포나 가상 쇼핑몰부터 시작하는 경향이 있다.

그 후에는 이용자의 유연성을 제공하는 경매 사이트나 단순한 상품 판매에만 머물지 않는 eVars(electronic Value Added Resellers)로 이행한다. 그리고 다시 포털사이트의 창조나 특정한 표제로 특화한 수직형포털로 진화하는 경향이 있다.

그 다음 단계에서는 공급자가 시장을 제공한다기보다 e비즈니스 제공자가 소비자에게 시장을 창조하는 장소를 제공한다는 의미가 강해진다.

이 단계가 되면 B-to-C가 아니라 C-to-B라고 부르는 것이 더 적절할 것이다. 왼쪽의 '소비자의 주도권 증대에 의한 시장 변화' 그림이 나타내는 것처럼, e비즈니스의 진화는 바로 소비자의 주도권이 증대되는 비즈니스 모델의 실현이라고 할 수 있다.

이와 같은 환경에서는 상호 커뮤니케이션이 창조하는 '브랜드 파워'와 더 높은 가치 제공을 목표로 하는 무국경(Borderless) '가치 네트워크'가 소비자를 끌어모으고 정착시켜나가는 데 상당히 중요한 관건이 되고 있다.

소비자의 선택 항목이 확대된다는 점은 물론 대단한 것이다. 하지만 이것은 소비자의 자기 책임이 발생한다는 의미이기도 하다. '자신의 목적을 명확히 하여 정보의 홍수 속에서 어떻게 목적을 실현할 수 있는가?'라는 소비자의 능력을 시험할 수 있는 기회이다.

3. 가치 네트워크

'가치 네트워크'가 시장의 특정 요구에 대해 서로 협력하여 가치를 제공하기 위한 다양한 협력업체의 집합체라는 것은 '패러다임의 변화'에서도 언급한 바 있다.

그럼, 왜 e비즈니스에서 가치 네트워크를 구축하는 것이 중요한 걸까?

가치 네트워크는 크게 효과의 최대화를 목적으로 하는 것과 효율의 최대화를 목적으로 하는 것으로 구분된다.

효과의 최대화를 목적으로 하는 '가치 네트워크'

지금까지 기업은 조달 ― 제조 ― 판매 ― 물류의 각 기능을 본사 또는 계열사에 위탁할 수 있는 가치 사슬을 구축해 시장에 상품과 서비스를 제공해왔다.

그 전형적인 예가 바로 일본의 자동차 제조회사의 가치 사슬에서 볼 수 있는 수직통합형인데, 각 자동차 제조회사는 공급자로서 계열 하청공장을 조직해 본사에서 생산을 하고, 계열사의 딜러를 통해 제품을 판매해왔다.

하지만 최근 몇 년은 인터넷의 보급을 배경으로 발전해온 e비즈니스에 의해, 이와 같은 수직통합형 가치 사슬이 급속도로 붕괴되고 있다.

이런 경향은 강력한 브랜드 파워를 보유한 각 기업이 연구 개발이나 마케팅 같은 핵심 콘텐츠를 특화하고, 제조를 아웃소싱하는

가치 네트워크의 예

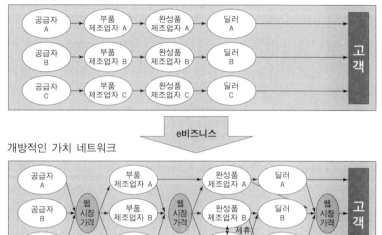

수직통합형 가치 사슬

공급자 A → 부품 제조업자 A → 완성품 제조업자 A → 딜러 A → 고객

공급자 B → 부품 제조업자 B → 완성품 제조업자 B → 딜러 B → 고객

공급자 C → 부품 제조업자 C → 완성품 제조업자 C → 딜러 C → 고객

e비즈니스

개방적인 가치 네트워크

공급자 A, 공급자 B, 공급자 C → 웹 시장 가격 → 부품 제조업자 A, 부품 제조업자 B, 부품 제조업자 C → 웹 시장 가격 → 완성품 제조업자 A, 완성품 제조업자 B, 완성품 제조업자 C (제휴) → 딜러 A, 딜러 B, 딜러 C → 웹 시장 가격 → 고객

기능에서 시작되었다.

또한 웹상의 조달이나 판매 시장의 탄생으로 상품 제조회사가 공급자나 유통업자 사이에 더욱 개방적인 관계를 구축함으로써, 계열사를 불문하고 조달처나 판매처를 찾아다니기 시작한 것이 추진 요소가 되었다.

이와 같이 기업이 자사가 가장 뛰어난 가치 사슬의 일부를 특화하고, 다른 가치 사슬은 외부 기업과의 제휴를 통해 서로 보완하는 관계가 효과의 최대화를 목적으로 한 '가치 네트워크' 형성의 전형적인 패턴이라고 할 수 있다.

효율의 최대화를 목적으로 하는 '가치 네트워크'

기능의 상호 보완 실현이 아니라 규모의 절약이나 공유화에 의한 효율화를 목표로, 비슷한 가치 사슬을 가진 기업끼리 또는 가치 사슬을 공유하는 기업끼리 전략적인 제휴를 맺는 것이다.

이 '가치 네트워크'의 예로, 세븐일레븐(Seven-Eleven) 같은 대기업이 구축한 인터넷 통신 판매의 결제 인프라에 대항하기 위해 중견 편의점이 제휴를 맺거나, 인터넷상에서 할인 티켓을 판매하는 아메리카온라인(AOL), MSN, 야후 등에 대항하기 위해 18개 항공사가 제휴를 맺고 서로 협력해 웹사이트를 구축하는 움직임 등을 들 수 있다.

이와 같이 '가치 네트워크'를 발달시키는데 중요한 것은 기존 기업의 전략을 벗어난 개방적인 제휴 체제의 구축이다.

현재 e비즈니스를 수행하고 있는 여러 기업은 계층적인 통제에 관계없이 실질적인 가치 사슬을 구축해 상호 협력함으로써 더욱 가치 높은 통합을 목표로 하고 있다.

제2절 업종별로 본 현재의 *e*비즈니스 시장

1. 자동차

자동차 관련 e비즈니스는 B-to-C에서, 특히 인터넷을 활용한 자동차 판매 중개업자가 주목을 받고 있다. 이 비즈니스가 급속히 확대되고 있는 나라가 미국으로, 미국을 벤치마킹해 일본에서도 자동차 제조회사가 인터넷을 통한 견적서나 상담 등의 서비스를 본격적으로 하고 있다.

또 미국에서는 이미 브랜드를 확립한 오토바이텔닷컴(autobytel. com)이나 카포인트(carpoint) 등도 차례로 참여하면서 자동차업계의 B-to-C 시장 경쟁이 더욱 격렬해지고 있다.

미국의 경우 오는 2003년경에는 전체 시장에서 온라인 판매 비중이 30% 이상 차지할 것으로 전망하고 있다.

한국에서는 국내 최초의 온라인 판매사 딜웨이를 비롯해 리베로, 카트레이드, 카123, 오토포유 등 이름이 많이 알려진 업체들이 10개 정도, 소규모 온라인 판매사들이 20여 개, 현재 준비중인 업체만도 15개 정도 되는 것으로 파악되고 있다.

특히 현대자동차는 오토에버닷컴(www.autoever.com)을 통해 인터넷 자동차 판매(B-to-C)에 참여할 것으로 예상되고 있다. 국내에서는 아직 인터넷 판매 차량 수가 월 1,000대 내외로 미미한 수준이지만, 자동차 3사와 대기업들이 속속 참여하면서 시장 경쟁은 더욱 치열해질 전망이다. 따라서 독창적인 비즈니스 모델만이 격렬한 시장에서 살아남을 수 있을 것이다.

이런 자동차 판매 중개의 사업 형태는 크게 '정보매개형'과 '독립계직판형'으로 나뉜다.

정보매개형은, 홈페이지에 접속한 자동차 구입 희망자의 견적 의뢰서를 소비자의 주거지에서 가까운 제휴 딜러에게 소개함으로써, 소비자(구매자)와 딜러(판매자)를 효율적으로 연결하는 서비스를 제공하는 것으로, 1999년 11월 일본에서 서비스를 개시한 오토바이텔 등이 여기에 해당한다.

딜러는 이런 중개업자와 계약해 인건비와 선전 광고비 등의 비용 절감과 판매 효율을 향상시킬 수 있다. 또 소비자도 여러 번 딜러를 찾아가지 않고도 원하는 딜러나 차종을 간단히 찾을 수 있으며, 딜러의 비용이 절감되는 만큼 판매 가격도 내려갈 가능성이 크다는 장점이 있다.

이런 비즈니스 모델의 주요 수익원은 계약 딜러에게 받는 수수료다. 그런데 그 중에는 중개뿐만 아니라 영업 지원, 교섭 대행, 대출, 보험 가입의 중개를 직접해 업무 폭을 확대하고 있는 사업자도 존재한다.

그리고 독립계직판형은 자동차의 주문과 계약을 인터넷으로 하고, 납품까지 직접 하는 직판에 가까운 스타일로, 일명 '인터넷 딜러'라고도 부른다.

이런 사업 형태는 독자적으로 매입한 자동차를 직접 판매하는 형식을 취한다. 하지만 인터넷 직판형은 정규 딜러가 아니기 때문에, '지역(Territory)제'의 제약에 얽매이지 않고 전국을 대상으로 영업을 할 수 있다. 이런 비즈니스 모델의 수익원은 기본적으로 판매 가격과 매입 가격의 차이다.

e비즈니스의 인프라가 계속 정비되고 있긴 하지만 일본의 자동차 인터넷 판매는 아직 걸음마 단계이며, 판매 대수도 년간 1만 대에도 미치고 못하고 있다.

또 계열판매제도나 지역전매제도와 같은 제조회사 주도의 유통체제도 여전히 존재하고 있다. 따라서 개방적이고 제약 없는 구조를 이용한 서비스가 정상적으로 보급되기 위해서는 뛰어넘어야 할 장벽이 아직도 많다.

즉, 인터넷을 활용한 자동차 판매 중개업자를 통해 이용자가 원스톱 쇼핑(One Stop Shopping)이나 비교 구매를 하기 위해서는, 또 딜러가 생산성 향상으로 비용을 절감할 수 있기 위해서는, 자동차 유통업계의 진화와 일본의 독자적인 비즈니스 모델이 요구된다.

한국의 경우 자동차 e비즈니스 모델은 대리점이나 딜러를 통한 전통적 판매 시스템이 아닌 중고차 유통, 폐차 처리, 용품 판매, A/S 정비 등 토털 서비스 개념으로 바뀌고 있다.

한편, B-to-B 분야에서는 계열사로 대표되는 폐쇄적인 구조가 e비즈니스에 의해 개방되면서 더욱 생산성 높은 효율적인 수법으

'오토바이텔 재팬'의 비즈니스 모델

- **이용자**
  ① 인터넷으로 차를 선택한다
  ② 견적을 의뢰한다
  ③ 신용거래가 신청 (희망자만)

- **autobytel Japan 시스템**
  ④ 차종과 이용자 우편번호로 딜러를 특정
  ⑤ 딜러에게 견적 의뢰를 보냄

- **딜러**
  ⑥ 받은 견적 의뢰를 확인
  ⑦ E-메일, 전화로 이용자에게 연락
  ⑧ 상담 이후, 계약

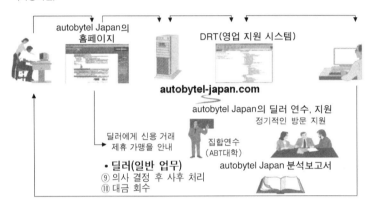

autobytel Japan의 홈페이지

DRT(영업 지원 시스템)

autobytel-japan.com

autobytel Japan의 딜러 연수, 지원
정기적인 방문 지원

딜러에게 신용 거래 제휴 가맹을 안내

집합연수 (ABT대학)

autobytel Japan 분석보고서

- **딜러(일반 업무)**
  ⑨ 의사 결정 후 사후 처리
  ⑩ 대금 회수

* 출처 : autobytel Japan

로 고객의 요구에 다가가는 움직임을 보인다.

또 제품 개발에서도 CAD/CAM(Computer Aided Design/Computer Aided Manufacturing)을 도입하는 등 국경을 초월한 협력 체제를 확립하고 리드타임(Lead Time)의 대폭적인 단축에 힘쓰고 있다.

2. 금융

'금융 빅뱅'이라 불리는 규제 완화로 인해 금융 서비스에도 다양한 e비즈니스가 등장하고 있다. 그 대표적인 예가 온라인 뱅킹과 온라인 증권 거래다.

온라인 뱅킹은 개인 컴퓨터와 금융 기관을 인터넷으로 접속해 예금 잔액 확인이나 입금 등의 서비스를 받을 수 있는 새로운 금융 서비스로 주목받고 있다.

또 휴대정보단말기에 의한 뱅킹 서비스도 1999년 6월말까지 35개 은행이 실시하고 있다. 언뜻 생각하기에 은행이 수익과 직접 연관되지 않는 서비스를 추진하는 것은, 최근에 활발하게 진행되고 있는 지점의 통폐합에 따라 감소한 창구 서비스를 보충한다는 목적도 있다.

미국에서는 오래 전부터 일반 영업 점포가 없는 인터넷 전문 은행이 탄생해 금융 서비스를 제공하고 있다.

금융 잡지인『스마트 머니』가 선정한 인터넷 은행 중 최근 '베스트 서비스 은행'으로 선정된 퍼스트 인터넷 뱅크 오브 인디애나(First Internet Bank of Indiana)는 점포 없이 순수한 인터넷만으로 운영되는 은행이다.

이 인터넷 은행은 다른 은행들의 인터넷 뱅캥과는 다르다. 이 은행(www.firstib.com)의 특징은 가족 등 원하는 사람들끼리 보통예금이나 당좌예금 계좌를 서로 연결할 수 있다는 점이다.

가족 중 어느 한 사람의 계좌에 잔액만 있으면 현금을 인출할

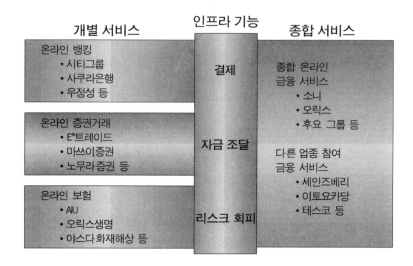

인터넷에 의한 금융 서비스

개별 서비스

온라인 뱅킹
- 시티그룹
- 사쿠라은행
- 우정성 등

온라인 증권거래
- E*트레이드
- 마쓰이증권
- 노무라증권 등

온라인 보험
- AIU
- 오릭스생명
- 야스다화재해상 등

인프라 기능

결제

자금 조달

리스크 회피

종합 서비스

종합 온라인
금융 서비스
- 소니
- 오릭스
- 후요 그룹 등

다른 업종 참여
금융 서비스
- 세인즈베리
- 이토요카당
- 테스코 등

수 있으며, 인터넷만을 이용하기 때문에 수수료도 없다.

또한 당좌예금의 경우 자신이 발급할 수 있는 수표의 실제 모습을 화면으로 확인할 수 있으며, 동시에 여러 곳으로 송금할 수 있는 서비스를 제공하고 있다.

아직 국내에서는 순수 인터넷상에서만 운영되는 은행이 없으나, 기존 은행들의 인터넷 뱅킹 추진은 지속적으로 확산되고 있는 실정이다.

이러한 인터넷 뱅킹이 한국의 여건에서 기존의 실물 점포들의 업무를 완전 대체하지는 못할 것이나, 인터넷상의 업무 가능 영역을 확대함으로써 1 대 1 고객 관리 등 실물 점포의 보완적 기능을 담당하는 중요한 채널로서 자리매김할 것으로 기대된다.

일본의 경우에도 사쿠라은행이 2000년도에 첫 인터넷 전문 은행을 개점해 서비스에 들어갔으며, 3월에는 우체국 저금을 운영하고 있는 우정성이 온라인 뱅킹을 시작했다.

온라인 증권 거래 서비스는 이용자가 가정에서 인터넷으로 증권 시장의 동향을 리얼타임으로 보면서 바로 매매 주문을 할 수 있다는 장점 때문에 최근에 급속도로 보급되고 있다.

그 증거로, 현재 미국 증권사의 전체 증권 거래 중 약 25% 정도가 이미 인터넷을 이용한 사이버 증권 거래로 이루어지고 있다.

일본의 경우 인터넷을 통한 사이버 증권 거래는 1997년 4월 개시된 이후, 일본의 여러 증권사가 이 시장에 뛰어들었다.

그런데 미국의 인터넷 증권 거래의 최대 증권사인 E*트레이드(http://www.etrade.ni.jp/)가 1992년 할인 브로커로서 일본 증권 시장에 뛰어들었다.

이 증권사는 인터넷을 이용한 증권 거래에서 기존 증권사들보다 낮은 수수료를 징수해 개인 투자자들에게 좋은 호응을 얻고 있다.

1999년 10월 시점에서 40개가 넘는 증권사가 온라인 거래 서비스를 제공하고 있는데, 같은 달 주식 위탁수수료의 완전 자유화로 인해 타업종 기업의 참여도 계속 이어지고 있다.

따라서 증권 거래액의 신장이 예상되는 한편, 회사 브랜드 파워의 이미지 확립 경쟁은 더욱 치열해질 것이다. 할인 경쟁은 물론이고 서비스 면에서도 타증권사와 확실한 차별화가 이루어지지 않으면 경쟁에서 살아남기 어렵게 될 것이다.

금융기관의 대응으로는, 금융기관 자체의 e비즈니스뿐만 아니라 e비즈니스에 관련된 기업을 지원하는 중요한 인프라로서의 측면도 있다.

금융기관이 제공하는 서비스로는 은행이 결제 서비스를 하는 '결제 인프라', 증권사가 자금 조달 방법을 제공하는 '자금 조달 인프라', 그리고 보험사가 제공하는 '리스크 회피 인프라'가 있다.

이 세 가지 인프라가 정비된다면 국내의 e비즈니스는 더욱 발전해 나아갈 것이다.

3. 서적 판매

미국의 온라인 서적 판매는 e비즈니스에 가장 빨리 참여한 업종 중의 하나다.

지금은 e비즈니스의 대표 주자라고 할 수 있는 아마존닷컴이나, 온라인 서적 판매에도 적극적으로 힘쓰고 있는 미국 최대의 서점 체인인 반즈앤노블의 존재로 인해 일찍부터 e비즈니스화가 진행된 업종 중의 하나이다.

일본의 경우에도 이런 흐름은 확실하게 침투하고 있다.

일본의 온라인 서점은 마루젠(http://www.maruzen.co.jp/)이나 야에스북센터(http://www.yaesu-book.co.jp/)와 같은 기존의 대형 서점에 의해 판매 채널 확대의 일환으로 시작되었다.

그 후 야마토운수의 자회사가 제공하는 '북서비스'(http://www.bookservice.co.jp/)가 택배를 이용한 값싼 수수료로 서적을 배송하는 등 타업종의 참여가 계속되었다.

또한 온라인 서적 판매를 무시할 수 없었던 서점이나 출판사에서도 본격적으로 온라인 서적 판매에 참여해, 현재 그 수는 대략 100개 사이트 가까이 이르고 있다.

그 중에서 최대의 매출을 자랑하는 서점은, 일본에서 e비즈니스의 성공 사례로서 자주 매스컴에 거론되고 있는 대형 서점인 키노쿠니야(紀伊國屋)서점(http://bookweb.kinokuniya.co.jp/)이 운영하는 '북웹(Bookweb)'이다.

이 사이트의 서적 판매는 점포 판매에도 활용되었던 시스템으

'북서비스'의 비즈니스 모델

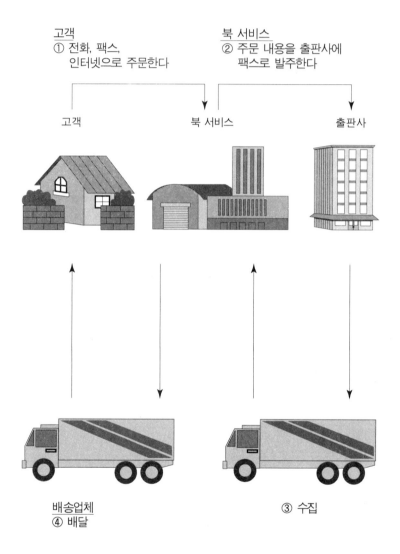

고객
① 전화, 팩스,
   인터넷으로 주문한다

북 서비스
② 주문 내용을 출판사에
   팩스로 발주한다

고객   북 서비스   출판사

배송업체   ③ 수집
④ 배달

* 출처 : 북서비스(book-service)의 홈페이지(http://www.bookservice.co.jp/)를 토대로 작성.

로, 분야별로 세분화된 풍부한 서적 데이터 베이스에 기초한다. 현재 회원 수는 약 10만 명이고, 매출은 연간 약 15억 엔 이상이다.

그러나 많은 업체들이 온라인 서적 판매 시장에 뛰어들어 경쟁이 치열해지고 있으며, 심각한 출판업계의 불황으로 인해 온라인 서점도 앞으로 사활을 건 특색 있는 서비스가 요구된다.

이러한 변화의 흐름으로, 최근 미국에서는 구하기 힘든 오래된 고서를 수집해 인터넷 서점에 판매하는 희귀 서적 전문 브로커까지 등장해, 기존 온라인 서적 판매의 틈새 시장을 공략하고 있다.

미국 최대의 온라인 헌 책방을 꿈꾸는 알리브리스닷컴(www.alibris.com)은 방대한 고서 데이터 베이스를 구축, 과학도서·아동도서·아트북·잡지 등 다양한 상품을 카테고리로 연결해놓았다.

또 하나의 흐름은 전자책(e-Book) 판매다. 전자책이란, 인쇄 활자 대신 디지털 파일로 글을 읽는 차세대 서적이다. 아직까지는 PC나 노트북으로 내려받지만 곧 휴대용단말기로 어디서나 볼 수 있으며, 조명을 자유롭게 조정하거나 밑줄을 긋고, 책갈피 기능은 물론 동영상 활용까지도 가능하다.

미국에서는 1999년 3월 아마존(www.amazon.com) 등 대형 온라인 매체에 선보인 스티븐 킹의 『총알 올라타기』(Riding the Bullet)를 시작으로 전자책 출간이 붐을 이루고 있다. 이 책은 하루 만에 40만 카피나 팔려 화제를 모으기도 했다.

또한 글래스북(www.glassbook.com), 소프트북(www.softbook.com), 넷라이브러리(www.netlibrary.com) 등이 출판사와 계약해 전자책을 확보하고 있다.

일본의 경우는 출판계를 중심으로 컨소시엄을 구성해 발빠른 대응에 나서고 있으며, 국내에서도 전자책 판매가 활발히 진행되고 있다.

국내의 대표적인 업체로는 와이즈북닷컴(www.wisebook.com), YES24(www.yes24.com), 바로북닷컴(www.barobook.com), 골드북닷컴(www.goldbook.com), 에버북닷컴(www.everbook.com), 북토피아(www.booktopia.com) 등에서 전자책을 판매하고 있거나 곧 판매할 예정으로 있다.

현재 국내의 전자책 시장 규모는 약 10억 원 정도로, 연간 3조 원의 종이책 시장에 비하면 미미한 수준이다. 하지만 3~5년 후에는 종이책 시장의 절반 수준인 1조 5000억 원대로 커질 것으로 예상하고 있다.

4. 음악 다운로드 서비스

　음악 다운로드 서비스란, 인터넷이나 디지털 방송을 중심으로 네트워크를 매개로 노래를 다운로드하는 서비스를 말한다.

　새롭게 탄생한 이 서비스는 기존의 음악 CD 등의 패키지 유통으로는 따라갈 수 없었던 소비자의 요구에 대응하면서 비용 절감과 옛 음반의 재생, 음악 애호가의 저변 확대 등 많은 가능성을 내재하고 있다.

　실로 음악 산업의 전체 활성화를 위한 기폭제가 될 수 있는 서비스라고 할 수 있다. 기존의 음반 시장에서는 레코드사의 영향력이 크게 미쳤지만, 앞으로는 서적업계와 마찬가지로 음악 다운로드 서비스의 급속한 보급으로 업계 구조가 일변할 가능성도 있다.

　지금까지 대부분의 음반 판매사는 저렴한 가격으로 음악을 제공하면 채산성이 불투명해지므로, 음악 다운로드 비즈니스에는 신중한 자세를 취해왔다.

　그런데 인터넷을 통해 한발 앞서 음악 다운로드 서비스가 시작된 미국의 소프트가 대량으로 유입되어 음악 애호가들 사이에 활용되고 있는 현실이다.

　또한 일본 음악 시장의 경우 노래가 폭발적인 히트를 치든지, 아니면 거의 팔리지 않든지 간의 양극화가 진행되고 있기 때문에 시장 규모의 신장에 대한 우려도 잠재해 있다.

　이런 상황 속에서 음악 다운로드 서비스를 프로모션 수단으로 활용한다면 음악 CD의 판매도 증가할 것이라는 의견도 대두되고 있다.

이러한 전망에는 이미 생산되지 않는 옛 음반이나 소량 생산만 하는 음반을 언제라도 다운로드할 수 있기 때문에 시장 규모를 확대할 수 있을 것이라는 목적도 포함되어 있다.

이와 같은 흐름 속에서 1999년 7월부터 8월에 걸쳐 몇몇 회사가 음악 다운로드 비즈니스의 개시를 차례차례 발표했다.

미국의 벤처기업을 중심으로 진행되어왔던 이 비즈니스에 일본 내의 대형 제조회사 이름이 오르게 된 것은 온라인 음악 다운로드 서비스가 본격적으로 이루어지고 있다는 것을 의미한다.

음악 다운로드 서비스의 규격은 크게 두 가지로 나눌 수 있다.

하나는 MP3(MPEG audio layer 3)라고 하는 음성압축기술이다. MP3는 음악 데이터를 반도체에 보존하기 때문에 가볍고 음반이 튀지도 않으며 음질도 CD와 비슷하다.

이 MP3를 사용하면 CD와 거의 같은 품질의 음악 데이터를 약 10분의 1 사이즈로 압축할 수 있다. 때문에 MP3는 인터넷을 통해 음악을 배포하는 데 아주 이상적인 형식으로, 1998년말 MP3용 휴대음악플레이어가 등장한 이후 단숨에 인터넷을 통한 음악 다운로드 서비스의 주역으로 뛰어올랐다.

그러나 저작권 관리 방법이나 기술이 확립되지 않아서 당초 MP3의 경우는 저작권을 무시한 비합법적인 다운로드 서비스가 많았다. 극단적으로 말하면, MP3 형식으로 변환된 음악은 인터넷상에서 누구나 몇 번이라도 복사 배포할 수 있었던 것이다.

MP3에 대한 위기감을 계기로 1998년 12월에 RIAA(Recording Industry Association of America : 전미레코드협회)와 대형 레코드사, 정보 통신 관련 기업 등이 디지털 저작권 보호를 목적으로 설립한 것이 음악 다운로드 기술 표준화단체 SDMI(Secure Digital Music Initiative)다.

SDMI는 세계 각국의 휴대형 오디오 플레이어의 사양이나 음악 다운로드 서비스 전체를 포함한 포괄적인 사양을 책정하고 있다.

이와 같이 각 단체의 지지를 받아 설립된 SDMI이지만, 문제는 음악을 다운로드하는 공급자측의 사정에 의해 설립되었다는 것이다. 따라서 거기에는 음악 아티스트나 소비자의 요구는 별로 반영되지 않았다.

최근에는 저작권 승인을 받은 합법적인 MP3 콘텐츠를 게재하는 'MP3닷컴'(http://www.mp3.com/) 등 음악 다운로드 사이트도 등장하고 있다.

따라서 소비자 주도형 시장에서, 소비자가 SDMI를 선택하기 위해서는 소비자의 편의성과 유연성을 보호하기 위한 어떤 개선책이 절대적으로 필요하다.

일부에서는 '음악 다운로드 서비스가 보급되면 CD가 팔리지 않는다'라는 목소리도 있지만, CD 대여점과 소매점이 공존하고 있는 것처럼 음악 소프트의 각 유통 매체가 조화만 잘 이룬다면 큰 상승효과를 이끌어낼 수 있을 것이다.

앞으로 음악 산업의 성패는 음악 다운로드 서비스 시장과 패키지 시장이 공존할 수 있는 새로운 비즈니스 모델을 확립해 나가는 것이 관건이 될 것이다.

5. 여행

여행업계에서는 대형 호텔 체인과 항공사가 일찍부터 온라인 예약을 시작했으며, 인터넷으로 호텔 예약을 받거나 빈 객실 정보 등을 리얼타임으로 제공하고 있는 사이트 등도 늘고 있다.

또한 각 항공사는 온라인으로 예약을 접수할 뿐 아니라 출발이 임박한 비행기의 빈 좌석을 싸게 제공하는 서비스도 하고 있다. 이 것은 공석으로 비행하는 것보다 싼 가격으로도 승객을 태우는 것이 항공사측에 이득이 되기 때문이다.

여행업계가 e비즈니스에 적격인 이유 중의 하나는 여행 상품이 복잡한 물류 업무를 필요로 하지 않는다는 점에 있다.

실제로 소비자에게 전달되는 것들이 티켓이나 쿠폰 정도이기 때문에, 구입 전에 직접 손으로 만져 확인할 필요가 없어 충분한 정보만 제공할 수 있다면 e비즈니스를 하는 데 전혀 지장이 없다.

또 빈 좌석이나 빈 객실 정보 등을 리얼타임으로 제공할 수 있다는 점도 e비즈니스를 하는 데 중요한 요인이 된다.

여행업의 e비즈니스는 항공 티켓이나 호텔 예약 같은 한정된 서비스뿐만 아니라, 그것들의 종합 서비스 및 지도 정보의 검색, 현지 정보 등 여행에 필요한 서비스와 정보를 하나의 사이트로 제공할 수 있는 '원스톱 사이트'의 구축이 필요하다.

이와 같은 원스톱 사이트의 구축을 위해서는 기업의 테두리를 벗어난 타기업과의 전략적 제휴도 필요하다. 그런데 실제로 이런 움직임은 이미 진행되고 있다.

1999년 11월, 미 항공 4사인 유나이티드항공 · 델타항공 · 노스웨스트항공 · 콘티넨탈항공이 독립된 경영진을 가진 합병회사를 설립하여, 2000년 상반기 중 개설할 목표로 항공 요금이나 호텔, 렌터카 등의 정보를 제공하는 여행 포털사이트를 구축한다고 발표했다.

4사는 호텔, 렌터카, 선박 등 다른 여행 관련업계와도 협력해 나갈 방침이다. 이용자는 각 항공사에서 직접 항공권을 구입할 수 있을 뿐만 아니라, 가격 검색이나 비행기의 이착륙 시간 조회를 리얼타임으로 할 수 있게 된다.

이와 같이 앞으로는 소비자의 편의를 가장 정확하게 제공할 수 있는 기업만이 살아남게 될 것이다.

소비자가 항공사나 호텔에 직접 예약할 수 있게 되므로 해서 여행사는 생존이 힘들어지는 반면, 벤처기업이나 타업종으로부터의 신규 참여자는 기회를 얻게 된다.

1997년 4월에 설립된 벤처기업인 오픈도어(http://www.opendoor.co.jp/)는 일본 여행이나 HIS를 비롯해 약 50개 여행사의 패키지 여행과 할인 항공 티켓 정보를 제공하는 것을 기획하고 시스템을 개발해 '트래블코짱(여행자)'이라는 사이트를 운영하고 있다.

고객 기업에게는 정보 등록 기능을 제공하고, 이용자에게는 웹이나 모바일 단말기(도코모의 i 모드나 샤프자울스 등)를 통해 약 4000 종류의 상품 중에서 고객이 원하는 상품을 검색할 수 있는 시스템을 제공하고 있다.

이용자가 마음에 드는 정보를 발견하면 직접 고객 기업으로 문의할 수 있는 구조로, 이용자가 오픈도어에 접속한 이력이나 코멘트를 활용해 자사 제공 서비스의 개선과 고객 기업에 대한 영업에 도움을 준다.

'Opendoor'의 비즈니스 모델

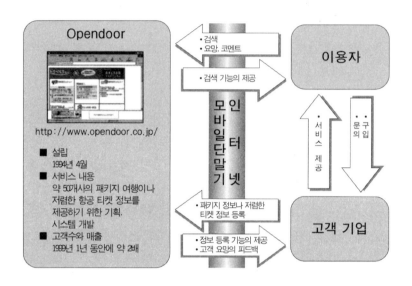

이용자의 접속 건수와 매출은 1999년 1년 동안에 약 2배로 증가했다. 오픈도어는 현재 개발된 기술이나 노하우를 활용해 구인·구직 정보 사이트 'JOB JOB(http://www.jobjob.ne.jp/)'과 애완 동물 정보 종합 사이트 'PET PET(http://www.petpet.ne.jp/)'를 개설해 스스로 비즈니스 기회를 확대하고 있다.

국내 항공사들도 인터넷을 통한 비즈니스 영역 확장에 힘을 모으고 있다.

아시아나항공(www.asiana.co.kr)의 경우, 전 세계 700여 개 항공사의 항공권 예약은 물론 호텔, 콘도, 렌터카, 공연장, 극장, 여행·보험 등의 예약을 원스톱으로 해결할 수 있는 서비스를 시작하고 있다.

아시아나항공의 항공 예약 시스템 전문회사 아시아나 트래블포털의 여행 전문 사이트(www.travelportal.co.kr)를 통해 여행사와 항공사별 항공 요금을 비교, 선택하고 온라인 예약도 가능하다.

대한항공(www.koreanair.co.kr)도 여행사나 항공사를 직접 찾지 않고 인터넷에서 24시간 실시간으로 전세계 항공사의 항공권을 예약, 구매하고 배달 서비스까지 받을 수 있는 항공 예약 시스템을 서비스하고 있다.

대한항공은 자회사 토파스 여행 정보와 공동으로 항공 예약 시스템 '사이버 플러스'를 통해 인터넷을 이용한 항공권 예약 서비스를 실시하고 있다.

이 시스템을 이용하면 고객 등이 인터넷을 통해 전 세계 600여개 항공사 티켓을 실시간으로 예약할 수 있으며, 이 가운데 420개 항공사에 대해서는 고객이 원하는 항공사에 대한 빈 좌석 상황을 확인하고 항공권 예약과 구매, 발권까지 가능해 비즈니스 기회를 더욱 확대하고 있다.

제3절 *e*비즈니스 특유의 비즈니스 모델 출현

1. 온라인 점포

인터넷은 소매점의 상품 선택, 가격 설정, 주문을 통한 배송, 프로세스에 커다란 혁명을 가져왔다.

신흥 기업이 실재 점포에서 새롭게 비즈니스를 전개하려고 할 때, 그 인프라에 드는 비용은 상당히 크다.

점포 개설에 드는 비용은 말할 것도 없이 종래의 카탈로그 판매를 할 경우에도 살지 안 살지도 모르는 고객들에게 카탈로그를 만들어 발송하는 것만으로도 상당한 비용이 필요하다. 때문에 후발 기업이 빠른 시간 안에 시장 경쟁력을 갖추기는 어렵다.

하지만 온라인 점포를 전개할 때 드는 비용은 이 같은 소매점을 전개할 때와 비교하면 대폭적인 비용 절감이 아닐 수 없다. 온라

기존의 카탈로그 통신 판매와 e비즈니스의 차이

기존의 카탈로그 통신 판매	e비즈니스
• 비용이 드는 종이	• 비교적 비용이 적게 드는 웹사이트
• 발행 시점의 제품과 가격	• 다이내믹한 카탈로그와 가격
• 단일 카탈로그	• 맞춤화된 카탈로그
• 취급 아이템수의 제한	• 취급 아이템수는 무제한

기존의 소매점과 e비즈니스의 차이

기존의 소매점	e비즈니스
• 위치 선정이 첫째	• 위치 선정은 무관계
• 인프라에 의한 성장	• 마케팅과 scalability에 의한 성장
• 대량 유통	• 마이크로 디스트리뷰션
• 상품 재고	• 제품의 주문 생산
• Category Killer	• Community Killer

* Micro Distribution : 기존 소매업의 '대량 유통'보다 더욱 규모가 큰 유통.
* Category Killer : 일반적으로 대규모 전문점을 가리키지만, 이 책에서는 특종업종에서 압도적인 쉐어를 차지하는 기업이란 의미.
* Community Killer : 특정 카테고리에 그치지 않고 광범위한 커뮤니티를 제압할 정도의 힘을 가진 기업.

인 점포를 전개하는 아마존닷컴 같은 기업이 상당히 큰 경쟁력을 가질 수 있는 것이다.

아마존닷컴은 인터넷으로 진출하지 않고 실재 점포를 전개하는 미국 최대 서점 체인의 14배나 되는 수익을 거두고 있다.

가격면에서도 페이퍼백(Paperback)은 20%, 하드커버(양장본)는 30% 정도의 할인을 실현하고 있다. 또 배달도 고객이 주문한 시간으로부터 보통 2, 3일 후에 상품이 도착하는 시스템이다.

하지만 아마존닷컴의 최대 강점은 상품에 관한 양질의 지식 제공 수단을 구축해 고객과 지식 베이스의 관계를 확립함으로써 시장에서 강력한 브랜드 파워를 확립했다는 데 있다.

이것은 기존의 비즈니스에서는 그 유래를 찾아볼 수 없는 새로운 타입의 비즈니스로서, 고객에게 '개인 전용으로 맞춤화된 서점'이라는 인식을 심어주었다.

한편 일본의 현실을 생각해볼 때 온라인 점포의 성공을 위해서는 그 특유의 인프라를 고려한 전략이 필수 조건이라고 할 수 있다.

현재 일본에는 컨비니언스 스토어(편의점)가 약 5만 개 있는데, 소비자의 편의성이 대부분 확립되어 있어 미국의 상황과 비교하면 온라인 점포가 침투할 필요성이 상대적으로 낮다.

이런 시장에 온라인 점포가 진출하려면 기존의 소매점이나 카탈로그 판매의 교체에만 머무르지 않는, 온라인 점포가 아니면 할 수 없는 명확하고 새로운 가치가 요구된다.

2. 온라인 광고

온라인 광고는 미래의 B-to-C 시장 열쇠를 쥐고 있는 부분으로 서 매우 관심이 고조되고 있다.

인터넷 인구가 급증함에 따라 사이트를 방문하는 이용자들을 목 표로 한 배너(Banner) 광고로 대표되는 웹 광고의 가치는, e비즈니스 사업 분야(Business Segment)의 하나로서 계속 성장하고 있다.

인터넷 이용자의 90% 이상이 이용하고 있는 검색 엔진(Search Engine)은 광고 매체로서의 가치를 점점 더 높이고 있다.

검색 엔진의 가장 오래된 전통과 전 세계에서 가장 강력한 브랜드를 확립했던 '야후'는 사이트를 방문한 이용자에게 절대적인 가치를 제공해 포털사이트로서의 군건한 지위를 확립하고 있다.

일본에서도 풍부한 콘텐츠와 정보 제공 능력을 가진 웹사이트가 새로운 광고 매체로 인식되면서, 온라인 광고 시장을 형성하는 중심적인 존재가 되고 있다.

덴츠우(電通)가 발표한 '일본 광고비'에 따르면, 1998년 일본의 광고비 전체는 경기 후퇴로 인해 전년도 대비 96.2%로 감소했지만, 온라인 광고비만은 급속한 증가를 나타내며 100억 엔을 돌파하고 있다.

1996년에 불과 몇 십억 엔 정도였던 것과 비교하면 놀라운 성장이 아닐 수 없다. 이 수치는 계속 증대하여 2000년에는 300억 엔, 2005년에는 1000억 엔에 도달할 전망이다.

미국의 1998년 온라인 광고 시장의 20억 달러와는 아직도 많은

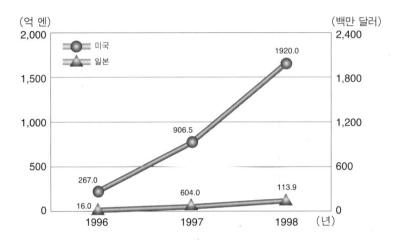

미국과 일본의 인터넷 광고 시장 규모

(억 엔) (백만 달러)

2,000 — 2,400

● 미국
▲ 일본

1,920.0

1,500 — 1,800

1,000 — 1,200

906.5

500 — 600

267.0

113.9

604.0

16.0

0 — 0

1996   1997   1998   (년)

* 출처 : 덴츠우(電通) '1996년, 1997년, 1998년 인터넷 주요 사이트의 추정 광고비' 및 Internet Advertising Bureau, "Advertising Revenue Reporting Program"을 토대로 작성.

격차가 있지만, 앞으로 크게 성장해나갈 시장인 것은 분명하다.

온라인 광고에는 몇 가지 타입이 있다. 그 대표적인 것이 '배너 광고'와 '메일 광고'다.

배너 광고는 일반적으로 뉴스 사이트 등의 홈페이지상에 회사명 이나 제품명을 삽입하는 직사각형 화상 파일로, 배너(깃발)를 게재 해 이용자의 시각에 호소하는 광고 방법이다.

이용자가 그 배너를 클릭하면 바로 광고주의 홈페이지로 들어간 다. 배너 광고의 변형으로 검색 사이트 등의 일부를 광고주가 빌려 서 상품 정보를 제공하는 타이업(Tie-up : 광고 선전의 수단으로 둘 이상의 광고를 동시에 선전함으로써 효과를 높이는 것)형 광고나 일정한 비용에 대해 클릭 횟수를 보증하는 성공 보수의 클릭 보증형 광고 등도 등장하고 있다.

이에 비해 메일 광고는 뉴스 다운로드 서비스나 메일 매거진(전자메일을 매체로 한 잡지. 메일의 본문란에 콘텐츠를 게재하고 회원 앞으로 정보를 송신하는 시스템을 취하고 있다) 등에서 본문의 일정 페이지에 몇 줄 정도의 광고를 게재하는 것이다.

그래픽이나 애니메이션을 많이 이용할 수 있는 배너와는 달리 E-메일 광고는 텍스트(Text)밖에 표시할 수 없지만, 이용자에게 확실하게 보낸다는 점, 이용자의 특정이 비교적 용이하다는 점, 그리고 인터넷 주소(URL) 링크가 가능하기 때문에 이용자의 편의성이 높다는 점이 평가되고 있다.

3. 주문 생산(BTS에서 BTO로)

미국 델 컴퓨터사의 성공은 B-to-C 시장에서 아주 많이 인용되고 있는 사례 중의 하나다.

일반적으로 대규모 판매사는 거대한 시장에 맞춰 제품을 대량 생산해 물류 창고에 보관해두었다가 시장에 출하하는 BTS(Build To Stock) 비즈니스 사이클을 취하고 있다.

그러나 델 컴퓨터사는 그 어느 기업도 예상하지 못했던 거대한 시장에 대한 제품을 주문 생산해, 그 상품을 소비자에게 직접 판매하는 BTO(Build To Order : 주문 생산)를 실현했던 것이다.

1984년 창업 이후, 델 컴퓨터사는 중개업자를 거치지 않고 소비자에게 직접 판매하는 방식을 채용해 일찍부터 BTO를 도입해왔다. 또한 경쟁사보다 앞서서 인터넷의 이점을 간파한 델 컴퓨터사는, 1996년 인터넷을 새로운 판매 루트로 도입해 고객이 제조 프로세스에 직접 참여해 원하는 사항을 결정할 수 있도록 했다.

유통 시스템을 완전히 무시하고 고객에게 직접 상품을 제공함으로써, 델 컴퓨터사는 경쟁사 제품에 비해 약 10~15% 정도 싼 가격으로 판매하는 데 성공해 기업 활동 전반이 더욱 효율화되었다.

인터넷상에서의 상품 판매를 시작한 반 년 후인 1997년 1월에는 인터넷상의 1일 매출액이 100만 달러에 달했으며, 1998년도 제4분기에는 1일 평균 매출액이 1400만 달러에 달했다.

현재는 매주 35만 명의 고객이 웹사이트를 이용해 주문 상황을 확인하고, 매주 9만 개의 소프트웨어 파일이 다운로드 되고 있다.

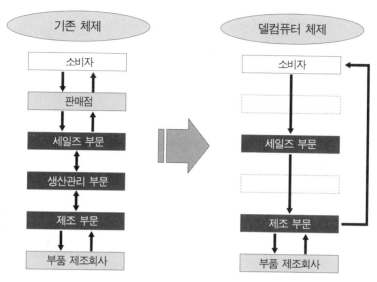

델 컴퓨터사의 판매 방식

기존 체제

소비자 → 판매점 → 세일즈 부문 → 생산관리 부문 → 제조 부문 → 부품 제조회사

델컴퓨터 체제

소비자 → 세일즈 부문 → 제조 부문 → 부품 제조회사

또한 20만 명의 고객이 온라인으로 트러블슈팅(troubleshooting : 문제가 생긴 부분을 지적하는 것)을 하는 등 제품 구입에 머무르지 않는 다채로운 서비스 제공으로 델 컴퓨터사의 고객 로열티는 점점 더 높아지고 있다.

제1장의 '소비자 주도 시장'에서도 밝혔듯이, B-to-C 시장에서는 많은 고객 개개인의 요구에 맞춰서 제품을 주문 생산해 제공하는 것이 상당히 중요한 포인트가 된다.

델 컴퓨터사의 성공 사례는 e비즈니스의 테크놀로지가 그 실현을 가능케 한다는 것을 증명하고 있으며, "Market of One"을 위한 제품 생산의 중요성을 시사해주고 있다.

4. 인터넷 경매

인터넷 경매란, 인터넷상에서 제시된 상품의 가격을 어느 일정 기간 내(입찰 기간)에 소비자에게 경매를 붙인 후, 입찰이 끝났을 때 가장 높은 가격을 제시한 고객에게 판매하는 시스템이다.

이 비즈니스 모델은 미국은 물론 일본, 한국에도 속속 등장하고 있으며, 앞으로도 더 많은 사이트가 출현할 것으로 예상된다.

인터넷 경매가 취급하고 있는 상품은 중고차, 브랜드 상품에서 부터 일용품까지 아주 다양하며, 앞으로는 거의 모든 상품이나 서비스가 등장하게 될 것이다.

인터넷 경매의 형태는 크게 '재고조정형(在庫調整型)', '집객형(集客型)', '개인매매형(個人賣買型)'의 세 가지로 나뉜다.

• 재고조정형

재고조정형은, 반품이나 중고품 등 일반적인 판매 루트로는 소비자에게 팔기 힘든 상품을 경매 방식으로 적정 가격에 판매하는 것을 말한다.

공급자에게는 잉여품의 재고 처분 채널로, 소비자에게는 저렴한 가격으로 물건을 살 수 있는 사이트로서 네티즌들의 지지를 받고 있으며, B-to-B 거래의 잉여품 판매의 장으로서도 기능하고 있다.

그 대표적인 예로 미국의 온세일사(http://www. onsale.com/)가 있다. 온세일(Onsale)사는 제조회사, 도매업자, 소매점 등 수백 개 회사의 상품을 인터넷상에 올려 공급자와 소비자의 '시장(Market

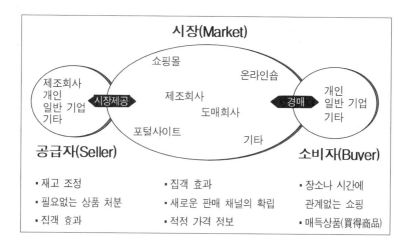

인터넷 경매의 전체 이미지

시장(Market)

쇼핑몰

온라인숍

제조회사
개인
일반 기업
기타

시장제공

제조회사
도매회사

포털사이트

기타

경매

개인
일반 기업
기타

공급자(Seller)

소비자(Buyer)

- 재고 조정
- 필요없는 상품 처분
- 집객 효과

- 집객 효과
- 새로운 판매 채널의 확립
- 적적 가격 정보

- 장소나 시간에
  관계없는 쇼핑
- 매득상품(買得商品)

Place)'을 제공·운영할 뿐만 아니라 스스로 상품을 매입해 판매하는 업무를 확장하고 있다.

• 집객형

집객형은 많은 고객에게 최대한 자신의 사이트를 알린 뒤, 사이트에서 판매되고 있는 상품에 흥미를 갖도록 해 고객에게 상품을 팔려는 인터넷상의 쇼핑몰 등이 이용하는 B-to-C 비즈니스 모델로, 상품과 서비스의 판매를 위한 광고 선전 기능을 가진다.

이런 모델에 속하는 사이트의 대부분은 인터넷 경매에 의한 이익보다는 인터넷 모델을 이용함으로써 얻어지는 즐거움이나 화제성이라는 오락성을 중시하고 있는 것이 많다.

대표적인 예로는, 일본의 '라쿠텐(樂天)시장'(http://www.rakuten.co.jp/)을 들 수 있다.

이 사이트는 기존의 목적인 '집합'에서 발전해 인터넷 경매로서의 운영도 겸하고 있다. 즉, 단순히 고객을 불러모으는 인기 콘텐츠의 영역을 초월한 C-to-C의 거래도 포함하는 사이트로 발전하고 있는 것이다.

• 개인매매형

공급자와 소비자 쌍방이 일반 고객으로 구성되는 인터넷상의 '자유 시장(Free Market)'을 실현한 앞의 두 가지 모델, 즉 재고조정형과 집객형이 발전한 비즈니스 모델이다.

이것은 B-to-B도 B-to-C도 아닌, C-to-C 또는 C-to-B-to-C라고도 할 수 있는 e비즈니스의 새로운 형태다. 그 대표적인 예로는 미국의 e베이(eBay, http://www.eBay.com/)를 들 수 있다.

이 사이트는 개인 이용자들간에 1500종 이상의 상품이 매매되고, 1일 100만 건 이상의 경매가 이뤄지고 있다. 또한 경매를 통해 공통의 취미나 관심을 가진 사람들의 커뮤니티를 구축하는 수단으로까지 발전하고 있다.

일본에서도 '마이트레이드'(http://www.mytrade.com/)나 '라쿠텐시장' 등 게임성을 무기로 한 이 비즈니스 모델을 본격적으로 전개하는 사이트가 생겨나고 있다.

5. 역경매

미국 코네티컷 주 스탠포드에 본사를 두고 있는 프라이스라인닷컴(http://www.Priceline.com/)은 1997년 설립 이후, 불과 1년만에 종업원 수가 약 200명 규모로 늘어 나스닥 시장에 신규 주식(IPO)을 공개했다. 그 직후부터 주가는 꾸준히 호조세로 상승하고 있다.

약진의 비결

프라이스라인(Priceline)은 홈페이지 화면상에 항공권이나 호텔 예약, 자동차, 주택 대출금, 보험, PC 등을 역경매(Reverse Auction)라는 독자적인 방식으로 제공하는 기업이다.

그 약진은 매주 1500만 달러의 구입 문의와 레저용 항공권 판매 톱 10의 순위에 오르고, 소비자의 브랜드 인식도 제 5위라는 순위가 말해주듯 최근 설립된 기업이라고는 생각할 수 없는 몇 가지 파격적인 숫자로 설명할 수 있다.

회사명인 'Priceline'은 "최저 가격"이라는 의미이다. 그런데 이름 그대로 프라이스라인은 항공사가 평균 30~40%의 공석율로 비행기를 운항시키고 있는 것을 보고, 이 '빈 좌석' 이용자가 지정한 가격, 즉 '지정가'로 판매하는 독특한 방법을 제공하고 있다.

이 회사 성장의 원동력은 공급자가 아니라 구매자가 가격을 결정하는 방법에 있다.

항공권의 경우, 이용자는 행선지·일시·희망 가격을 신용카드

번호와 함께 지정한다. 프라이스라인은 이 정보를 토대로 계약하고 있는 20개사 이상의 항공사로부터 이용자의 조건과 일치하는 비행편(便)을 찾아낸다. 이 경우 국내선은 1시간 이내, 국제선은 24시간 이내에 구입할 수 있는지 없는지 그 결과를 고객에게 회답해 준다.

항공사 측의 이점은 빈 좌석 수를 줄일 수 있다는 점 외에도, 이름이 외부에 드러나지 않기 때문에 여행사가 설정한 가격에 얽매이지 않고 고객을 맞아들일 수 있다는 점이다.

또 계약이 성립되면 프라이스라인은 항공사로부터 판매 금액의 5% 정도의 수수료를 받는다. 즉, 이 비즈니스 모델은 '공급자'·'구매자'·'프라이스라인' 3자가 모두 이익을 얻을 수 있다.

국내선의 경우 예약 성공률은 이용자 등록건수의 약 35% 밖에 안되지만, 1998년 4월 오픈 이후 거의 7개월만에 10만 장의 항공권을 판매하고 있다.

브랜드 인지도를 높인다

프라이스라인은 구매자가 조건 있는 구매 제안을 하는 '구매자 주도형 상거래(Buyer-driven Commerce)'라는 비즈니스 모델로 특허를 얻었다(비즈니스 모델 특허에 대해서는 270쪽 참조).

프라이스라인의 성공은 바로 '소비자 주도(Buyers Power)'적인 모델을 구축했다는 데 있으며, 프라이스라인의 성공은 '무엇을 파느냐'보다는 '어떻게 파느냐'가 중요하다는 것을 시사하고 있다.

미국 성인 4명 중 1명 이상인 5,000만 명 이상이 인지하고 있는 인터넷 거대 브랜드는 AOL, 야후, 넷스케이프, 아마존닷컴, 프라이스라인, 인포싱크, 익사이트 등의 7개사이다.

그 중에서 AOL, 프라이스라인, 야후의 3개사는 인터넷을 이용하지 않는 사람들 사이에서도 20%가 넘는 인지율을 확립하고 있다. 이 중 프라이스라인의 경우는 불과 150일만에 6,250만 명의 인지도를 얻는 데 성공했다. 이 성공의 비밀은 유명 인사를 캠페인에 활용했다는 점이었다.

프라이스라인이 경이적인 것은 불과 몇 개월만에 인터넷 브랜드 명성을 획득했다는 것이다. 그 비결은 오프라인 광고의 활용에 있다. 오프라인 광고란, 웹 이외의 TV, 라디오, 신문, 잡지 등의 광고를 말한다.

프라이스라인은 당초 2000만 달러를 광고에 투자했다. 특히, 라디오에 주력해 광고를 시작한 첫 달인 4월에 미 최대의 라디오 광고주가 되었다.

라디오에 초점을 맞춘 이유는 두 가지가 있다.

그 첫 번째는 사진도 영상도 필요없이 '당신이 가격을 정하세요' (Name your own-price)라는 단순한 메시지를 반복해서 전달하는 것이며, 두 번째는 인지도를 높이기 위해 인터넷 이용자가 아닌 사람이 많은 라디오 청취자에게 선전하는 것이 제일 낫다고 판단했기 때문이다.

이상에서 서술한 프라이스라인의 비즈니스 모델이나 마케팅 방법에서도 볼 수 있듯이, e비즈니스에서 성공하기 위해서는 뛰어난 아이디어가 중요하다.

6. 온라인 구매

온라인 구매는 업무 효율화나 제조 사이클의 속도 향상(Speed-up)을 목표로, 주로 제조업계에서 발전해온 업무 방식이다. 현재는 제휴(Alliance)나 아웃소싱, 그리고 마켓플레이스(Marketplace) 포털의 출현 등 기업이나 사업의 업태 변화를 야기하는 것으로 발전하고 있다.

온라인 구매는 당초 인터넷 등의 네트워크 기술을 이용해 생산에 직접 관계되는 원자재 및 원자재 이외의 간접적인 물건과 서비스(MRO : Maintenance, Repair and Operation)의 공급·구매·관리에 드는 비용 절감이나 효율화, 속도 향상을 목적으로 발전했다.

온라인 구매를 최초로 실천한 기업은 미국의 제너럴일렉트릭(GE : General Electric Co.)사였다. GE는 1996년에 GE 그룹에서 개발한 TPN(Trading Process Network)를 GE 라이팅(lighting)사(http://www.ge.com/lighting/)에 시험 도입했다.

TPN이란, 자재 구매를 희망하는 구매자 기업과 자재의 공급을 희망하는 공급자 사이의 견적 의뢰, 견적 회신, 발주 결정까지 지원하는 메커니즘이다.

GE 라이팅사는 전 세계에 45개 공장을 보유하고 있으며, 구매 담당자는 각 부서에서 매일 수백 건 이상 올라오는 기자재 등의 자재 구매 희망을 맡는다.

TPN 시스템 도입 전에는 담당자가 각 사양에 맞춰 200만 장 이상의 도면 중에서 필요한 것을 찾아내 입찰 후보 기업에게 우송했기 때문에 엄청난 시간이 걸렸다. 그 때문에 부품 구매에 필요한 자료를 발송하는 데에만 최소 7일이 걸렸으며, 발주처의 결정까지 3주 이상이나 걸리는 일도 허다했다.

그러나 시스템 도입 후에는 각 부서의 구매 의뢰가 시스템을 통해 도착해 구매 정보의 작성이나 도면의 전송도 같은 화면상에서 할 수 있게 되었다.

그 결과 부품 공급의 후보 기업은 발주 작업 개시 후 2시간 이내에 조달 정보를 받고, 7일 이내에 입찰할 수 있게 되었다. 또 이 시스템의 도입으로 GE 라이팅사에서는 원자재 구매 사무의 스텝을 60%, 인건비를 30% 절감하게 되었으며, 구매 프로세스의 소요일수가 이전의 18~23일에서 절반 정도인 9~11일이 걸렸다.

또한 다수의 공급원에 의한 입찰에 의해 유리한 가격으로 구매를 할 수 있게 되면서 원자재 구매 비용이 5~20% 절감되었다.

현재 TPN은 기업 사이의 원자재 구매 시스템으로 타사에도 제공되고 있다.

온라인 구매 도입의 혜택은 원자재의 구매뿐만 아니라 MRO에 대한 영향이 오히려 크게 나타나고 있다.

그때까지 대량으로 거래되는 원자재 등과 달리 MRO에 온라인 구매를 도입하는 것은 곤란했다. 그러다가 현재의 웹 EDI 기술이 침투하면서 MRO에서의 온라인 구매는 급속하게 확대되고 있다.

소량이라도 빈번하게 거래하는 MRO에서 온라인 구매의 혜택은 상당히 커서, MRO 비용을 평균 5~10% 정도 절감한다.

인터넷 경매나 온라인 무역처럼 극적이고 화려한 존재는 아니지만, MRO에 막대한 비용을 들이던 대기업에 5~10% 정도의 비용 절감은 큰 의미를 가지는 것이다.

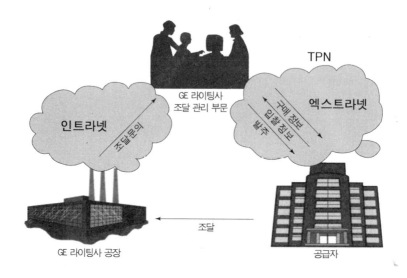

GE 라이팅사의 온라인 구매 시스템

TPN

GE 라이팅사
조달 관리 부문

엑스트라넷

인트라넷

조달문의

구매 정보
입찰정보
발주

GE 라이팅사 공장

조달

공급자

또 인터넷으로 구매 업무를 하면 여러 개의 선택 항목 중에서 개방 형태로 필요한 부자재를 필요한 양만큼 싼 가격으로 제공해 주는 상대를 발견할 수 있다.

그것은 다시 말해 지금까지의 '계열' 기업 같은 거래 관계의 기본적인 테두리를 벗어나, 그때까지 거래 관계가 없던 우수한 기술력을 가진 공급자 등 구매처 선택의 폭을 확대시켜, 저가격으로 고품질의 부자재를 구매할 수 있는 기회를 가진다는 것을 의미한다.

현재는 제조업뿐만 아니라 모든 업종으로 온라인 구매가 확대되고 있으며, 부품이나 부자재의 구매뿐만 아니라 사무용품, 인적 자원 그리고 업무 작업의 조달에까지 확대되고 있다.

미국의 대형 사무용품 회사인 오피스디포트(http://www.officedepot.com/), 오피스맥스(http://www.officemax.com/) 등은 온라인 구매처로서의 기능을 강화하고 있으며, '개인화된(personalized) 웹 기능'으로 각 이용자에게 서비스를 제공해 고객 기업 및 구매 담당자의 구매 대리인으로서의 지위를 확립하고 있다.

그뿐 아니라 전표·발주 관리나 결제 서비스도 하고 있으며, 구매 기업의 단순한 비용 절감뿐만 아니라 사무용품 관리 자체를 아웃소싱하는 것도 시작하고 있다.

또 각종 사무 관련용품 제조사도 온라인 구매처로서의 기능을 강화하고 있다. 특히 컴퓨터 제조사는 각 기업의 각 부문·부서·담당자에게 개인화 시킨 웹의 조달 화면을 준비해 고객의 특성에 맞는 상품을 제공할 뿐만 아니라 구매 관리 업무 대행 기능도 제공하고 있다.

사무용품의 온라인 구매는 일본에서도 활발하게 이루어지고 있다. 오피스데포나 오피스맥스의 일본 진출 외에도, 애스쿨(http://www.askul.co.jp/)의 성공을 들 수 있다.

앞으로 각 회사는 단골 거래선을 위한 반복 주문 관리나 구매 관리 업무 대행 기능 등 기업이나 부서·부문 단위에서의 고객 관리를 실시해 기존의 구매 형태인 점포 구입, 전화·통신 판매 구입에서 더 나아가 온라인 구매로의 전환을 가속화할 것이다.

또 온라인 구매의 급속한 발전으로 지금까지 자사에서 떠안고 있던 대부분의 업무가 아웃소싱되면서 기업의 업태 변화를 야기하고 있다.

이미 부품이나 부자재의 구입처에 재고 관리 및 조달 관리 기능을 위탁하거나 자사의 생산 계획에 기초한 최적의 자동 납품이 하이테크 재조사 등에 침투하면서, 기업이나 기업간의 업태·업무를

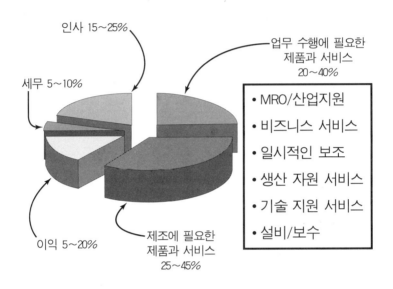

MRO(Maintenance, Repair and Operation

인사 15~25%

세무 5~10%

이익 5~20%

업무 수행에 필요한
제품과 서비스
20~40%

제조에 필요한
제품과 서비스
25~45%

- MRO/산업지원
- 비즈니스 서비스
- 일시적인 보조
- 생산 자원 서비스
- 기술 지원 서비스
- 설비/보수

온라인 구매에 의한 비용 절감 사례

기업	절감 내용	도입 전	도입 후	격차
GE 라이팅사	구매 사이클 일수	21일	10일	50%
IBM	인터넷 온라인 구매	7억 달러	6억 3000만 달러	7000만 달러
VISA	주문 전달 시간	3-5일	33분	99% 이상
CIBC	연간 구매 비용	12억 달러	10억 달러	20%

변화시키고 있다.

현재 구매 시장으로서의 포털사이트가 발전하고 있는데, 기존의 거래 관행이나 계열사 등을 초월한 새로운 기업 관계가 발생하고 있다

이와 같이 앞으로는 인터넷의 침투와 웹 EDI 기술의 발전으로 업계의 업종이나 기업의 규모에 관계없이 온라인 구매가 보편화되어 비용 절감이나 효율화에만 머무르지 않는 업태·업무 변화가 급속히 일어날 것이다.

7. 정보중개자

PC의 직접 판매 등에서 볼 수 있듯이 기존의 가치 조직에서 유통업자나 도매 같은 중개업자를 배제하면, 중간 마진이 절감되고 배달 시간이 단축된다.

이 때문에 인터넷상에서는 많은 공급 기업이 고객(소비자 및 기업)과 직접 거래하기 위한 비즈니스 모델의 구축을 시도하고 있어 기존의 중개업자에게는 시련의 나날이 계속되고 있다.

그러나 e비즈니스에서는 공급 기업과 고객과의 직접 거래가 최선의 방법이라고는 할 수 없다. 항상 새로운 타입의 중개가 생겨날 뿐만 아니라, 그 새로운 타입의 중개가 효과를 발휘하게 된다. 그것이 바로 '인포미디어리(Infomediaries)'로 불리는 e비즈니스 특유의 중개 형태이다.

인포미디어리란, Information(정보)와 Intermediary(중개자)를 합친 말로, 글자 그대로 '정보'의 '중개자'를 의미한다.

그 대표적인 예가 바로 자동차를 판매하는 오토바이텔이다. 이 회사는 재고가 하나도 없으며 가격 교섭이나 옵션 판매 등의 상담도 하지 않는다.

이 회사의 비즈니스 근간은 자동차 구입에 관심이 있는 고객과 자동차 판매를 효율적으로 하고 싶은 자동차 딜러를 온라인상에서 단순히 연결해 줄뿐이다.

고객은 가능한 한 많은 선택 항목 중에서 자신에게 적합한 자동차를 선택하고 싶지만, 자신이 직접 방문할 수 있는 딜러의 수에는

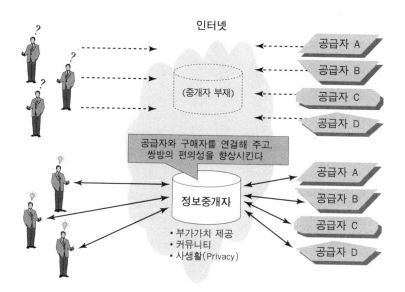

인터넷에 의한 금융 서비스

인터넷

공급자 A
공급자 B
공급자 C
공급자 D

(중개자 부재)

공급자와 구매자를 연결해 주고,
쌍방의 편의성을 향상시킨다

정보중개자

• 부가가치 제공
• 커뮤니티
• 사생활(Privacy)

공급자 A
공급자 B
공급자 C
공급자 D

제한되어 있고 시간도 꽤 걸린다.

반면 딜러는 더 많은 잠재 고객을 불러들이고 싶지만, 광고 매체
의 이용에는 비용적으로 한계가 있어 비효율적이다. 그래서 오토
바이텔이 인터넷을 이용해 고객과 딜러의 요구를 중개함으로써,
고객과 딜러 쌍방의 편의성을 향상시키는 가치를 이끌어낸 것이다.

우수한 인포미디어리는 단순히 공급자와 구매자의 중개를 할뿐
만 아니라, 정보를 잘 활용해서 쌍방에게 부가가치를 제공하는 전
문가이기도 하다.

예를 들어 구매자가 상품과 서비스를 선택할 때 특정 제조회사
나 판매회사에 의존하지 않는 독자적인 노하우나 어드바이스를 제

공하거나, 고객끼리 의견 교환을 할 수 있는 커뮤니티를 제공함으로써 고객이 더욱 현명하게 물건을 살 수 있도록 한다.

또한 고객의 구매 이력이나 기타 신상 정보를 선택적으로 제공해 공급자가 상품과 서비스 품질을 높이거나 표적 마케팅을 효율적으로 하기 위한 지원을 한다.

중개할 때 부가가치를 제공하는 전문가라는 의미에서는 기존의 도매업자나 상사(商社)의 노하우를 활용할 수 있는 여지가 충분히 있다고 할 수 있다.

최근에는 사생활 보호 차원에서 정보중개자가 하는 새로운 역할이 중요해지고 있다. e비즈니스의 고객, 특히 소비자의 사생활에 관한 의식이 높아짐에 따라 인터넷에서 거래할 때 공급자 기업이 고객의 신상 정보를 함부로 수집해서 다음 마케팅에 무단으로 활용하고 있는 현상에 대한 비판이 생겨나고 있다.

신상 정보의 주인은 고객 자신이므로, 기업이 고객에 대한 정보를 이용하고자 할 때에는 고객이 결정해야 한다는 고객 본위의 자세를 취하고 있다.

따라서 정보중개자가 수집한 고객의 기호나 구매 이력 등의 신상 정보를, 고객이 원하는 방법이나 고객이 원하는 제한된 범위내에서 기업에게 제공한다. 또 때로는 이용 요금 중 일부를 정보 소유자인 고객에게 환원하기도 한다.

공급자와 구매자 쌍방의 편의성 및 구매자의 사생활 보호 차원에서, e비즈니스에서의 정보중개자의 역할은 점점 더 중요해지고 있다.

8. 제로마진 모델(미디어 모델)

　1999월 11월, 일본에서 처음으로 여성만을 대상으로 한 인터넷 접속 서비스 '쉬즈넷(Shes.net)'이 탄생해 화제가 되었다. 이 ISP는 '무료'로 인터넷에 접속할 수 있었기 때문이다.

　그럼, 쉬즈넷은 어떻게 무료 서비스 형태를 취할 수 있는 걸까?

　그것은 일반 TV 프로그램의 스폰서가 그 프로그램을 무료로 시청할 수 있게 하는 것과 마찬가지로, 이 ISP는 광고주가 공급자에게 광고료를 지불하기 때문에, 이용자는 인터넷에 무료로 접속할 수 있는 것이다.

　e비즈니스는 실로 다양한 형태로 발전하고 있다. 그 중 하나는 가능하면 많은 네티즌을 사이트에 방문하도록 유도한 다음, 이 사이트에 광고를 공급해줄 고객(Client)을 모집해 얻은 광고 수입으로 수익을 올리는 비즈니스 모델이 있다.

　이 모델은 시청률이 높은 TV 프로그램만큼 비싼 광고료를 받을 수 있는 방법이다. 예를 들어 검색 엔진을 비롯한 '포털사이트'는 이 비즈니스 모델의 대표적인 것이라 할 수 있다.

　최근에는 이와 같이 미디어로서의 가치로 완전히 특화한 '마진이 없는' 비즈니스 모델, 즉 '제로마진 모델(미디어 모델)'이 활발히 구축되고 있다. 하지만 미국이나 영국 등에서는 이미 광고 베이스의 무료 ISP가 일찍부터 e비즈니스 무역이 되고 있는 현실이다.

　다음 쪽의 '비즈니스 모델 분포' 원그래프는 e비즈니스의 비즈니스 모델을 분류하여 각각이 전체에서 차지하는 비율을 나타낸 것

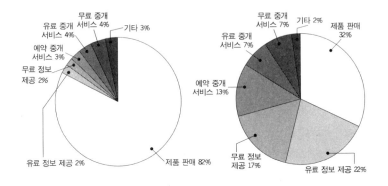

비즈니스 모델 분포

일 본

무료 중개 서비스 4%
유료 중개 서비스 4%
기타 3%
예약 중개 서비스 3%
무료 정보 제공 2%
유료 정보 제공 2%
제품 판매 82%

미 국

무료 중개 서비스 7%
기타 2%
제품 판매 32%
유료 중개 서비스 7%
예약 중개 서비스 13%
무료 정보 제공 17%
유료 정보 제공 22%

* 출처 : 전자상거래 실증추진협의회, 비즈니스 프로세스 WG 「대소비자 EC 사이트의 비즈니스 모델 조사 보고서」(1999년판).

이다.

위의 그래프에서 알 수 있듯이 고객에게 무료로 서비스를 제공하고 있는 비즈니스 모델은 일본이 6%, 미국이 24% 이상을 차지하고 있다는 것을 알 수 있다.

쉬즈넷의 예에서 보듯 일반 소비자에게 요금을 징수하지 않아도 제공업체(Provider)를 경영할 수 있는 것이다.

광고주에게 지불되는 광고료 수입에 따라 설비를 확장해 서비스 품질을 향상하면 더 많은 가입자를 확보할 수 있다. 서비스의 전개 방법은 각 제공업체에 따라 다양한 데, 거기에는 무수한 가능성이 존재한다.

또, '제로마진 모델'을 수행하는 기업은 그 대가로 상세한 이용자 정보를 얻을 수 있다. 광고료를 받던가, 데이터를 유료로 징수하던가, 그렇지 않으면 수수료를 징수하던가 하는 것 등이다.

이런 비즈니스의 필수 검토 사항을 고려해 보면, 새로운 비즈니스 모델을 창출하는 프로세스가 결코 간단한 작업이 아니라는 것을 알 수 있다. 그러나 바로 이 '제로마진 모델'에서 지혜와 아이디어에 의한 비즈니스 기회를 창출할 수 있다.

제4절 *e*비즈니스에 진출하려는 잠재적인 비즈니스 모델

　지금까지 서술한 바와 같이 e비즈니스는 'dog year'(사람의 7년이 개의 1년에 해당한다는 의미에서 그만큼 진행 속도가 빠르다는 뜻 — 역자)라고 표현되는 테크놀로지의 발전 속도와 함께 항상 새로운 비즈니스 모델이 탄생되면서 발전해왔다.

　e비즈니스가 진행해 나가는 길이 다양화되어 왔다는 것은, 즉 길을 잃고 옆길로 빠져버릴 리스크도 증대해 왔다는 것이다. e비즈니스를 추진해 나가면서 어떤 비즈니스 모델을 확립해 나아갈지 명확히 한 다음, 그에 속하는 비즈니스 모델의 카테고리 상황을 확인해 그 변화에 대해 구체적인 전략을 수립하는 것이 아주 중요한 핵심이다.

　모든 비즈니스가 그렇듯이 단순히 표면적으로 보이는 비즈니스 형태를 그대로 모방하는 것만으로는 성공할 수 없다. 즉 다른 회사에서 흉내낼 수 없는 독창적인 상품만이 시장에서 성공할 수 있으며, 누구나 모방할 수 있는 비즈니스 모델로는 지속적으로 높은 수익률을 확보할 수 없다.

따라서 e비즈니스를 제공하는 입장이 되었을 때 무엇을 팔고, 어디서 수익을 올리며, 누구에게 가치를 제공할 지에 대한 사항을 명확히 해 나갈 필요가 있다.

그럼, 어떤 사항에 주의해야 할지 그 예를 몇 가지 살펴보자.

- 많은 사람들에게 특정 카테고리의 상품 중에서 가장 우수한 상품을 저렴한 가격으로 제공한다
- 특정 고객층에게 다양한 상품을 제공한다
- 더 많은 소비자를 위한 상품의 선택 항목을 제공한다
- 소비자를 위한 중개 커뮤니티를 창조한다
- 상품 판매 및 구입 인프라를 제공한다
- 특정 고객에게 뉴스, 정보, 상품, 서비스를 제공하는 포털사이트가 된다

즉 제공하는 상품, 서비스의 특성을 적절히 파악해 주의 깊게 비즈니스 모델을 작성하는 것이 e비즈니스를 성공적으로 이끄는데 가장 중요한 프로세스이다.

잠재적인 비즈니스 모델

Segment Server
특정 고객층에 폭넓은 상품을 제공

eTailer
폭넓은 사람들에게 많은 소비자 지향 상품의 선택 항목을 제공

eBuyer / eMarket
소비자를 위한 중개 커뮤니티의 창조

eProcessor
상품의 판매·구입의 인프라를 제공

Category Trader
폭넓은 사람들에게 특정 카테고리의 상품을 저렴한 가격으로 제공

Finalcial Dashboard
특정 고객에게 정보·서비스를 제공하는 포털사이트

기존의 조직

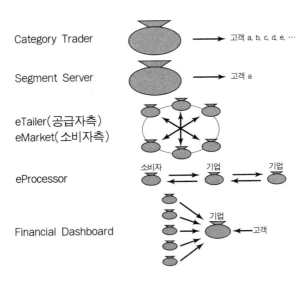

비즈니스 모델의 가치 흐름

Category Trader → 고객 a, b, c, d, e, …

Segment Server → 고객 a

eTailer(공급자측)
eMarket(소비자측)

eProcessor
소비자 기업 기업

Financial Dashboard
기업 ←고객

제 3장

e 비즈니스 전략 구축의 실제

▼
▼
▼
▼

새로운 비즈니스 모델을 수립하려면 올바른 사고 방식에 따른 사업 전략의 구축과 사업 계획의 수립 프로세스가 필요하다. 즉 e비즈니스 사업 계획은 제1단계 : 사업 환경과 사업 구조의 분석 → 제2단계 : e비즈니스 모델의 수립 → 제3단계 : 비즈니스 모델 실현의 명확화 → 제4단계 : 신규 사업 계획 수립의 접근 방법이 필요하다.

제1절 *e*비즈니스 전략 구축의 중요성

급속히 발전하는 정보·통신·인터넷 기술에 의해 발생되는 사업 환경의 변화를 비즈니스 기회로 삼고, 또한 그것을 획득하기 위해서는 현재의 사업 구조를 변혁해야 한다.

따라서 과거의 상관습이나 사업 환경을 보는 전제 및 제약 조건을 버리고, 제로 베이스의 관점에 입각해 신속하게 실행하는 것이 필수 요건이다.

이 장에서는 어떻게 해야 새로운 비즈니스 모델로 전진할 수 있으며, 이를 구축할 수 있는지 구체적인 작업 단계를 제시하면서 해설하겠다.

1. *e*비즈니스 전략 구축의 중요성

새로운 비즈니스 모델 구축의 필요성

e비즈니스로의 진출을 계획하고 실행하는 움직임은 특히 미국 기업에 현저하게 나타난다. 시대를 앞질러 변화하는 사업 환경에 재빨리 내응하려는 대부분의 일본 기업도 미국을 쫓아 e비즈니스로의 진출을 시도하고 있다.

하지만 모처럼 새로운 비즈니스로 진출했음에도 불구하고, 기대한 효과를 거두기는커녕 처음부터 어떤 것에서 그런 효과가 기대되는지조차 파악하지 못하고 있는 기업마저 있다.

이 주된 요인 중 하나가 바로 e비즈니스로 전환시 이용하는 신규 사업 계획 프로세스 자체가 구태 의연했다는 것이라고 생각된다. 즉, 새로운 비즈니스 모델을 수립하려면 올바른 사고 방식에 따른 사업 전략의 구축과 사업 계획의 수립 프로세스가 필요하다는 것을 재인식해야 한다.

정보 기술이나 인터넷은 수단

e비즈니스라고 하면 많은 사람들이 '그것은 정보 기술이나 인터넷 분야이며 시스템의 문제다'라고 인식하고 있다. 물론 정보 기술이나 인터넷은 e비즈니스의 기초가 되지만, 그 구축 자체가 e비즈니스의 목적은 아니다.

e비즈니스 사업 계획안의 중요성

비즈니스 기회

가치 조직의 최적화를 통한 비용 절감

멀티채널의 최적화를 통한 수익 증대

새로운 사업 진출을 통한 수익원 다각화

e비즈니스는 새로운 비즈니스 기회이다. 단순히 웹사이트만 설치한다고 해서 모든 것이 다 해결되는 것은 아니다.

오히려 구축된 정보 기술이나 인터넷 수단을 이용해 고객에게 어떤 가치를 제공하고, 또 기업으로서 성공하는지가 목적이다.

여기서 말하는 '가치'란, 제공하는 제품과 서비스 품질이나 가격, 그리고 제공하는 속도를 말한다. 그런데 이런 가치들의 제공을 실현하기 위한 유력한 수단이 되는 것이 바로 정보 기술이며 인터넷이다.

따라서 현재 많은 기업들이 채택하고 있는 신규 사업 수립시, 볼 수 있는 거대한 함정에 대해 예전부터 활용하고 있는 표준적인 분석 접근 방법을 이용해 살펴보겠다.

전략을 구축할 때의 학습 기능

현재까지 많은 기업들은 자사가 새로운 사업으로 전환할 경우, '5 Force 분석'이나 '7S'라는 방법을 이용하여 자사의 사업 환경을 파악했다.

'5 Force 분석'이란, 자사가 현재 보유하고 있는 경영 자원을 포함한 전략적인 위치를 경쟁사나 진출하려는 시장을 고려하면서 어떻게 확보해 나가야 할지, 앞으로의 동향을 고려하면서 파악하는 것을 목적으로 한 사업 환경 분석 방법이다.

그러나 이 분석에는 자사가 지금까지 구축해온 공급업자와의 관계나 고객과의 관계가 전략을 수립할 때 아주 중요한 전제 조건으로 작용하는 일도 적지 .않다.

그럼, 멀티미디어 단말기를 설치함으로써 e비즈니스로 전환한 유통업자를 예를 들어 생각해보자.

5 Force 분석

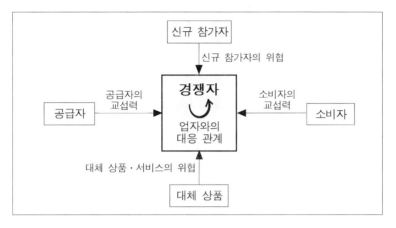

* 출처 : M. E. 포터 지음, 土岐坤·中辻萬治·服部照夫 옮김

『경쟁의 전략』 개정판, 다이아몬드사, 1995년.

사례 연구 : 유통업자의 실패

많은 유통업자는 멀티미디어 단말기를 상품화하는 데 기존의 점포 설계와 똑같은 비율과 효율을 고집했다.

대형 유통업자인 A사에서는 각 점포의 매출을 늘릴 때 기존의 점포에서는 물리적인 제한으로 선반과 매장 평수를 확대할 수 없다고 판단하고, 그 대신 멀티미디어 단말기를 설치했다.

이 사업 계획이 발표되었을 당시 일반적으로 예상된 이용도는 실제 유통업자가 기대했던 수치에 크게 못 미쳤을 뿐 아니라, 그 존재를 고객에게 제대로 인식시키지도 못했다.

A사의 실패 원인은 도대체 무엇이었을까?

A사는 점포의 선반에 진열된 것과 똑같은 카테고리의 상품을 멀티미디어 단말기상에도 전개했으며, 공급자의 상품 공급 관례도 기존과 똑같은 물류 시스템을 적용했다.

또 소비자(고객)가 멀티미디어 단말기에서 어떤 편의성을 찾고 있는지 판단할 때도 기존과 같은 관점을 이용했던 것이다. 즉, 그들은 '공급자'와의 관계 변화에 대한 대책을 강구하지 않았을 뿐만 아니라, '고객'과의 관계마저도 재고하지 않은 채 기존 점포 소비자의 구매 행동을 새로운 멀티미디어 단말기에 그대로 적용했던 것이다.

이것은 분명히 기존의 전략 계획의 전제·제약 조건이었던 '공급자' 및 '고객'과의 관계를 그대로 답습한 결과로, 바로 A사의 e비즈니스를 실패하게 만든 요인이었다.

이와 같은 실패의 예는 유통업자뿐만이 아니다. e비즈니스를 구축할 때에는 A사의 전철을 밟지 않기 위해서라도 지금까지 이용해 왔던 방법과는 다른 새로운 관점에서 보는 것이 중요하다.

만약 아무런 전략도 없이 사업 계획을 수립한다면 계획 입안 담당자의 학습 기능에 문제가 있다고 보아야 할 것이다.

2. 사업 계획의 입안 단계

아더앤더슨에서는 'e비즈니스 전략'의 방법론에 기초하여 e비즈니스의 사업 계획을 '사업 환경과 사업 구조의 분석', 'e비즈니스 모델의 수립', '비즈니스 모델 실현 요소의 명확화', '신규 사업 계획의 수립'의 4단계로 책정했다.

① 사업 환경과 사업 구조의 분석

사업 환경과 사업 구조의 분석은 자사가 새롭게 구축하는 채널과 채널을 통해 제공하고 싶은 제품과 서비스의 시장 기회를 특정하는 것을 목적으로 한다. 아울러 현재의 시장과 앞으로 기대되는 시장에 대해 법 규제의 변화 등 외적 요인과 병행해 분석한다.

영국의 유통업자인 세인즈벨리사는 금융업으로의 진출을 목표로 외적 요인을 분석했을 때, 앞으로 예상되는 금융의 법제 완화를 계기로 자사가 가진 네트워크라는 강점(사업 구조)을 최대한 발휘할 수 있다는 가능성을 발견했다. 이 외적 요인의 분석이 세인즈벨리사의 결단을 성공으로 이끌었다고 할 수 있다.

일본에서도 금융서비스법, 전자화폐법이라는 새로운 법제 완화와 새로운 강령이 제창되는 가운데, 자사의 사업 환경을 분석하고 경영 자원을 최대한 활용해 새로운 시장의 리더가 되기 위해서는 어떤 전략을 세워야 할지, 그리고 그 전략을 구현하는데 e비즈니스 전략이 어떤 의미를 갖는지 정의해야 한다.

② e비즈니스 모델의 수립

e비즈니스 모델을 수립할 때는 다음에 제시하는 설문에 대해 아주 명쾌하게 답한 뒤 시작하는 것이 좋을 것이다.

- 무엇을 해야 하는가?

  통신·인터넷 기술의 발달로 인해 발생되는 소비자의 변화, 규제 환경의 변화, 기타 우량 기업이라는 자사를 둘러싼 사업 환경을 고려하면서, 자사가 속하는 커뮤니티의 정의와 거기서 경쟁 우위를 구축하기 위해 새롭게 제공하는 가치의 정의를 내리는 것을 의미한다.

- 왜 해야 하는가?

  e비즈니스로의 전개를 검토하기까지의 경위와 전개를 해나가지 못했을 경우 예상되는 부정적인 영향을 명확히 정의한다.

- 무엇을 할 수 있는가?

  자사가 보유한 기술, 인적 자원, 공급자와의 협력 관계라는 경영 자원에 대한 평가를 하고, 그 사업을 통해 무엇을 할 수 있으며, 고객에게 어떤 제품과 서비스를 제공할 수 있는지 정의한다.

③ 비즈니스 모델 실현 요소의 명확화

비즈니스 모델은, 그 수립은 물론 그것을 얼마나 신속하게 실현하는가가 최대의 관건으로, 이 같은 비즈니스 모델을 실현하기 위해서는 촉진 요소의 구축과 운영이 필수다.

e비즈니스 사업 계획의 접근

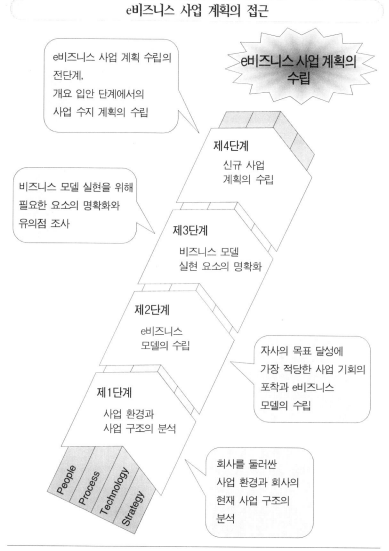

e비즈니스 사업 계획 수립의
전단계,
개요 입안 단계에서의
사업 수지 계획의 수립

e비즈니스 사업 계획의
수립

제4단계
신규 사업
계획의 수립

비즈니스 모델 실현을 위해
필요한 요소의 명확화와
유의점 조사

제3단계
비즈니스 모델
실현 요소의 명확화

제2단계
e비즈니스
모델의 수립

자사의 목표 달성에
가장 적당한 사업 기회의
포착과 e비즈니스
모델의 수립

제1단계
사업 환경과
사업 구조의 분석

People Process Technology Strategy

회사를 둘러싼
사업 환경과 회사의
현재 사업 구조의
분석

e비즈니스를 성공시키기 위해서는 명확한 전략이 필요하다. 아더앤더슨
에서는 위 그림에서 제시한 접근 방식에 의해 기업의 e비즈니스 사업 계
획의 수립을 지원하고 있다.

그래서 신규 사업 영역으로 전환할 때는 비즈니스 모델을 실현하는 데 촉진 요소가 되는 사업 단위의 업적 평가가 중요하다.

이 점을 경시하면 사업 자체에 어떤 영향을 줄지 예측할 수 없다. 따라서 고객의 관점에서 기존의 업적 평가 기준의 재고가 필요하다.

④ 신규 사업 계획의 수립

e비즈니스의 사입 계획이 기존의 그것과 크게 다른 점은 급격한 인터넷 기술의 발달로 사업 계획 자체의 진부화도 급속히 진행된다는 점이다.

설령, 기술의 발달이나 시장 경쟁력의 위치를 추정해 미래의 시나리오를 작성했다 할지라도 사업 계획 작성 때에 비해 큰 변화가 있다면, 그 사업 계획을 근본적으로 재고해야 하는 것은 물론, 경우에 따라서는 계획 자체를 파기하는 일도 필요하게 된다.

한편, 사업 계획에 대한 투자 채산성이나 기대 수익성에 대해서는 전략적인 투자 사업의 영역으로 관리할 수도 있다. 그렇지만 회사 전체적인 관점에서 그 위치를 명확히 해야 한다.

또 e비즈니스에서 특히 유의해야 할 리스크 요소가 있다. 이 리스크에 대해서는 제4장 '정보 시스템의 리스크 관리'를 참조하기 바란다.

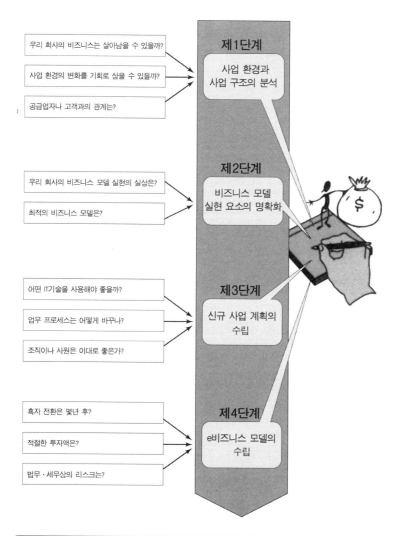

e비즈니스 사업 계획 입안 단계

우리 회사의 비즈니스는 살아남을 수 있을까?

사업 환경의 변화를 기회로 삼을 수 있을까?

공급업자나 고객과의 관계는?

제1단계

사업 환경과
사업 구조의 분석

우리 회사의 비즈니스 모델 실현의 실상은?

최적의 비즈니스 모델은?

제2단계

비즈니스 모델
실현 요소의 명확화

어떤 IT기술을 사용해야 좋을까?

업무 프로세스는 어떻게 바꾸나?

조직이나 사원은 이대로 좋은가?

제3단계

신규 사업 계획의
수립

흑자 전환은 몇년 후?

적절한 투자액은?

법무·세무상의 리스크는?

제4단계

e비즈니스 모델의
수립

e비즈니스의 검토 사항과 의문점은 각 단계마다 정리해 사업 계획으로 정리한다.

제2절 사업 환경과 사업 구조의 분석

1. 사업 구조의 분석

사업 구조의 분석에서 가장 중요한 것은 e비즈니스의 커뮤니티에서 주요 운영자인 '공급업자'와 '고객'을 새로운 관점에서 파악함과 동시에, 자사의 경쟁 우위성을 구축하는 데 걸리는 '시간'적인 관점을 재정의하는 것이다.

공급업자

e비즈니스로 전개하려면 고객이 원하는 제품과 서비스의 공급 속도와 품질에 대한 생각을 재정의하는 것이 필요하다.

고객이 원하는 자사의 제품과 서비스를 어떻게 제공할지를 재검토하려면, 우선 그 구매처이자 공급원인 공급업자와의 관계에서부터 다시 생각해야 한다.

가령, 자사의 제품과 서비스를 고객에게 제공할 경우에도 재고 거점이나 재고 이동, 고객까지의 공급 병참 업무, 정보 유통 등 모든 면에서 속도가 요구되고 있다. 따라서 e비즈니스 전략을 수립할 때에는 고객에게 제품을 제공하는 시간적인 요소를 충분히 고려해야 한다.

고객

e비즈니스, 특히 B-to-C의 고객은 기존 비즈니스와 비교하면 여러 가지 점에서 다르다.

가령, 고객과의 접점(Contact Point)을 생각해보면 분명하게 알 수 있다. e비즈니스의 고객에게서는 시간이나 거리, 언어 등 기존의 비즈니스가 가진 제약에서 모두 벗어날 수가 있다.

고객은 광범위한 지역에 살고 광범위한 연령층으로 구성되어 있으며, 그 기호도 다양하기 때문에 e비즈니스를 설계할 때에는 '고객'의 정의 자체를 수정해야 한다.

자사 경쟁 우위 구축의 '시간'적인 관점의 재정의

e비즈니스에서 자사 경쟁 우위 구축의 '시간'적인 관점은 '3년 후', '5년 후'라는 기존의 장기적인 관점이 아니라 '3개월 후', '반년 후', '1년 후'라는 단기적인 관점이므로 급속한 변화에 대응할 필요가 있다.

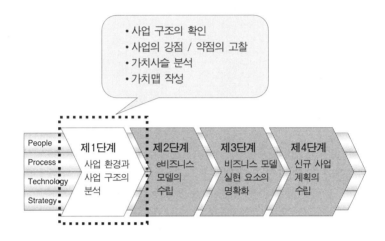

사업 환경과 사업 구조의 분석

- 사업 구조의 확인
- 사업의 강점 / 약점의 고찰
- 가치사슬 분석
- 가치맵 작성

	제1단계	제2단계	제3단계	제4단계
People	사업 환경과	e비즈니스	비즈니스 모델	신규 사업
Process	사업 구조의	모델의	실현 요소의	계획의
Technology	분석	수립	명확화	수립
Strategy				

e비즈니스 사업 기회의 평가를 검토할 때, 회사를 둘러싼 사업 환경과 자사의 현재 사업 구조를 분석한다.

'dog year'라는 말처럼, e비즈니스는 기존의 비즈니스 세계보다 7배 정도의 빠른 속도로 사업 환경과 사업 구조가 변하고 있기 때문에, 회사의 현 상황과 경쟁사, 서비스와의 정적인 분석에 기초한 기존의 전략 수립 방법으로는 대응할 수 없다.

e비즈니스에서는 '5~10년 후'의 사업 구조 예측이나 분석을 한다는 것은 어렵다. 일반 기업의 경우에는 20~30년 후를 예측하지만, 기존의 관점을 그대로 e비즈니스에 적용하는 것은 사업 전략상 아무런 의미가 없다.

필요한 사업 구조 분석은 '즉시대응시점(卽時對應視點)'이 포함된 가설로서의 사업 구조 분석이다. 즉, 가설상의 미래인 '3개월

후', '1년 후'의 사업 환경에서 회사의 어떤 '사업 특성'이 어떤 커뮤니티에 어떤 형태로 수용될지, 그리고 그때 경쟁사 서비스와의 경쟁 우위 방어 장벽을 구축할 수 있는지에 대한 가설 검증 단계에서의 사업 구조 분석이 필요한 것이다.

이와 같이 시장의 흐름을 신속하게 파악해 '고객'이나 '공급업자', '경쟁사'의 움직임을 분석 반영해 단기적인 시책의 수립·실시와, 장기적인 시책의 과감한 수정을 할 수 있는 동적(動的)인 분석 시점(分析視點)과 분석 구조(分析構造)가 반드시 필요하다.

2. 사업의 강점과 약점 분석

GE 사내에는 'Destroy Your Business.Com'이라고 불리는 조직이 있다. 이 조직은 비즈니스에 대한 기존 관점의 근본적인 변혁을 추구하고 있는 하나의 예라고도 할 수 있다.

지금까지 거대 기업이 경쟁 우위의 원천으로 여겼던 '공급업자'와 '고객'이 e비즈니스의 세계에서는 너 이상 그만큼의 힘을 발휘할 수 없다는 것을 증명해주고 있다.

신규 사업의 검토에 관해서는 예전부터 자사의 강점과 약점의 분석이 실시되어 왔다. 이것은 일반적으로 고객, 공급업자, 대체 상품, 경쟁사라는 요소로 살펴보는 회사의 경영 자원의 우위성을 나타내는 것이다.

그러나 e비즈니스로 전환할 때는 기존의 경쟁 우위를 이끌어냈던 '공급자'와 '고객'으로부터 기존 사업자의 우위성을 찾을 수 없게 되므로, 이런 요소들의 정의에 큰 변화가 일어나고 있다.

즉, 인터넷이라는 공통 기반을 이용함으로써 기존의 공급자 쪽 강점은 없어진 반면, 소비자 쪽은 공급자 쪽과 같은 기반을 이용해 자신이 원하는 것을 효율적으로 구할 수 있게 되었다.

이와 같이 모든 것이 공통화·표준화되어, 공급업자가 구매한 제품과 서비스를 고객에게 제공하는 과정에서 기존의 경쟁 우위성은 찾아보기 어렵다고 할 수 있다.

그래서 아더앤더슨에서는 기존의 회사 강점과 약점에 대해 더욱 심층적으로 분석함으로써 시장 기회를 판단하고 있다.

사업의 강점 / 약점의 고찰 (예)

고객은 누구?	상품/서비스는?	제공하는 가치는?	강점과 약점은?
강점 • 대기업 • 중소기업 약점 • 영세기업 • 일반소비자	강점 • 메인플레임 • PC 약점 • 워크스테이션 • 컨설팅	강점 • 브랜드 • 보증, 신뢰감 약점 • 최신 기술 • 변혁 제안	강점 • 고객의 요구에 일치하는 솔루션을 제공한다 약점 • 높은 가격 • 긴 판매 사이클

인터넷에 의한 PC의 직접 판매 가능성?

e비즈니스로의 참여를 모색하기 위해, 타사와 비교해 경쟁 우위에 설 수 있는 사업이나 앞으로 발전이 요망되는 사업을 고찰한다.

경쟁 우위성 분석 기반(Matrix)

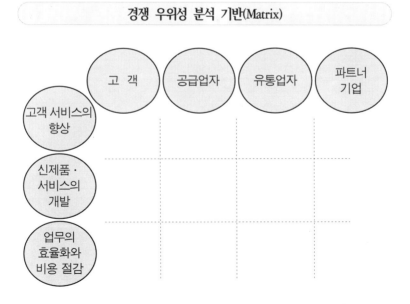

이 방법의 특징은 사업 구조를 분석할 때 필요한 커뮤니티의 운영자를 가로축으로 하고, 회사가 선택한 사업 전략을 실행하는 것으로 가정한 다음, 각 운영자에게는 어떤 '강점'과 '약점'이 있는지를 경쟁 우위성 분야별로 분석한다는 점이다.

이 방법을 이용하면 e비즈니스 전개 방침의 핵심 부분을 특정할 수 있기 때문에, 그 분석 결과에 따라 어떤 참여 형태가 바람직한지 판단할 수 있다.

3. 가치 사슬 분석의 새로운 관점

가치 사슬의 분석에서도 기존과는 다른 새로운 접근이 필요하다. 152쪽의 '의류업체 A사의 가치 사슬 분석' 그림은 의류업체인 A사가 e비즈니스를 전개하는 것으로, 가치 사슬에 어떤 변화가 발생하는지를 나타낸 것이다.

A사는 지금까지 시장 동향을 조사한 뒤 고객의 욕구를 만족시켜 줄 상품을 미리 예측해서, 필요한 원단의 발주 — 봉제 — 배송 — 진열 — 점포 서비스라는 가치 사슬에 따라 이익을 얻었다.

그러나 인터넷을 이용해 세계적인 규모로 점포를 전개하는 A사는, 고객이 점포에서 색 견본을 보면서 마음에 드는 옷을 디자인하고 PC에 입력하는 새로운 비즈니스 모델을 구축했다.

이로 인해 A사는 시장 조사나 색 견본에 따른 샘플 제품 제작 등을 실시하지 않고, '고객'으로부터 직접 정보를 얻어 제품화 과정에 직접 연결할 수 있게 되었다. 이것은 고객의 동향을 제품 기획에 반영시키기 위해 필요했던 시장 조사나 원단의 발주, 패턴 만들기라는 기존의 일련의 제작을 부정하는 것이었다.

그 결과 시장으로 제품이 투입되는 기간이 단축되고, 판매할 수 있는 상품과 사장될 상품의 판별도 쉬워질 뿐만 아니라 원단 발주의 손실도 없어져, 결과적으로 큰 이익을 얻게 되는 것이다.

이것은 세계적인 규모로 전개되어 이용되고 있는 인터넷 환경이 가능케 한 것으로, 신속하게 필요한 정보를 입수할 수 있는 환경에서만 성립되는 비즈니스 모델이다.

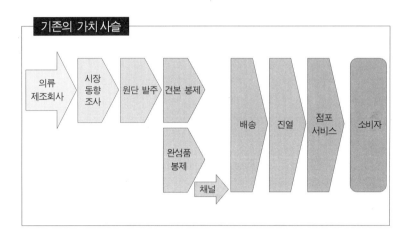

기존의 가치 사슬

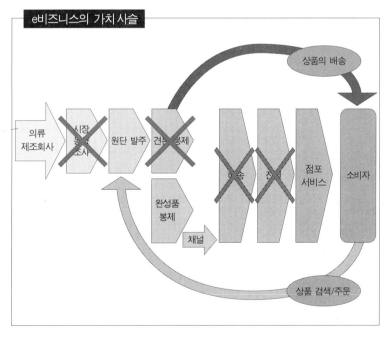

e비즈니스의 가치 사슬

이상으로, e비즈니스 모델의 특성을 살펴보면 다음 두 가지를 들
수 있다.

① e비즈니스에서는 고객에게 개방된 채널을 어떻게 활용하고,
   어떤 공급 체제를 구축하며, 어디서 이익을 얻느냐가 크게 변
   화된다.

② 비즈니스 모델의 구축 순서에서 선행하는 사업자와의 괴리도
   아주 빠른 시간 안에 보충할 수 있는 가능성이 있다.

4. 가치 맵

아더앤더슨에서는 오른쪽 그림 '가치 맵의 사고 방식'에서 나타
내는 것처럼, 시스템 역학 방식을 이용한 '가치 맵(Value-map)'이
라는 새로운 가치 창조 분석 방법을 사용해 사업 환경 전반에 걸친
회사의 가치 사슬을 명확히 하고 있다.

가치 맵의 특징

가치 맵은 해당 e비즈니스의 관련자('공급자'나 '고객' 등)와 그
사이에서 교환되는 가치를 나타냄으로써, 상호 연관성을 명확하게
이해하기 위한 것이다.

이 분석 방법의 최대 특징은 여기에 그려지는 가치가 제품과 서
비스 등 눈에 보이는 가치뿐만 아니라, 눈에 보이지 않는 가치까지
도 포함하고 있다는 점이다.

여기에는 편리성이나 고객 로열티, 지식, 정보, 신뢰성, 컨트롤,
관계성 등이 포함된다. 이처럼 눈에 보이지 않는 가치, 즉 '무형의
이익(Intangible Benefit)'은 e비즈니스를 성공시키기 위해 공급자
와 소비자의 연관성 심화를 촉구하는 중요한 요소이다.

가치 맵의 작성

분석을 위해, 가치 사슬 속에서 해당 e비즈니스에 참가하는 모든

가치 맵의 사고 방식

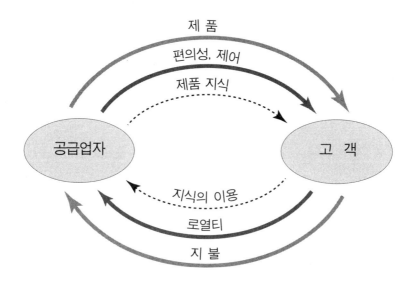

제 품

편의성, 제어

제품 지식

공급업자   고 객

지식의 이용

로열티

지 불

가치 기반

운영자 인터넷 8가지 우위성	A사	B사	···
	고객 ← 각 운영자의 가치 항목의 기술	···	···
1. 정보 제공	(예)건강 조언		
2. 선택			
3. 편의성			
4. 주문 생산			
5. 효율화			
6. 커뮤니티			
7. 오락성			
8. 신뢰성			

사업 환경과 사업 구조의 분석   155

운영자가 서로 어떤 가치를 교환하고 있는지에 대해 이해할 필요가 있다. 이것을 나타낸 것이 오른쪽 그림의 '가치 맵의 작성'이다.

이런 상세한 가치 맵을 그리기 위해서는 '가치 매트릭스(Value Matrix)'라는 표를 이용해 각 운영자 사이에 제공되는 가치를 명확히 하면 된다.

가치 매트릭스에서는 각 운영자 사이에 제공되는 가치를 '정보 제공', '선택', '편의성', '주문 생산', '효율화', '커뮤니티', '오락성', '신뢰성'의 여덟 가지 관점에서 정리한다.

이런 관점은 기존의 비즈니스에 대한 인터넷을 이용한 강점이며, 나아가서는 e비즈니스의 성공 요인이다.

그럼, 각 관점에 대해 살펴보자.

e비즈니스에서의 '정보 제공'이란, 고객이 필요로 하는 상품과 서비스에 관한 정보를 다양한 경로를 통해 신속하게 제공하는 것이다.

웹상에서 고객이 시간이나 거리의 제약 없이 아주 많은 상품을 비교할 수 있다. 그러나 고객이 너무 많은 선택 항목에 망설이지 않도록 검색 엔진이나 카테고리를 분류하는 것이 아주 중요하다. 이와 같은 요소를 동시에 충족시킴으로써 '선택'이라는 우위성이 확립된다.

인터넷은 최고의 편의점으로서 존재할 뿐만 아니라, 납품이나 출하 상황의 정보 제공이라는 고객을 위한 '편의성'을 창출하고 있다. 또 대부분의 사이트에서는 고객이 스스로 제품과 서비스를 디자인해, 그 결과를 그래픽으로 볼 수 있다. 즉 1 대 1 마케팅(One to One Marketing)의 '주문 생산'의 실천이다.

웹의 운용은 공급 사슬 관리의 비약적인 '효율화'를 실현했다.

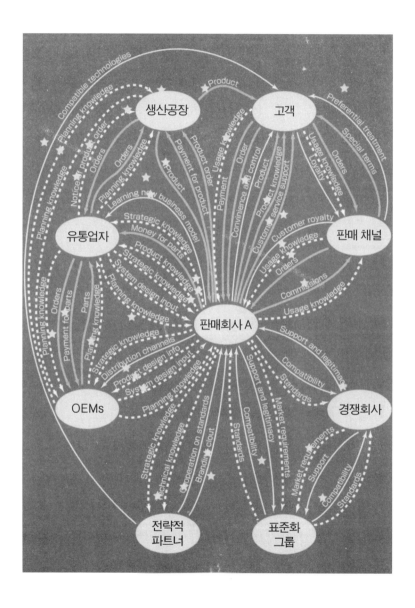

결과적으로 획득한 이익을 고객에게 환원함으로써 더 큰 시장으로 확대할 수 있다.

인터넷은 전 세계적인 '커뮤니티'의 형성도 가능하게 했다. e비즈니스의 성공 기업은 이와 같은 '커뮤니티'에 다양한 리소스나 멤버의 흥미를 끄는 온라인 비즈니스 기회를 제공하고 있다.

몇몇 기업은 웹상에서 게임이나 음악, 스포츠 정보에 대해 고객이 원하는 방법으로 접속하거나 대화식으로 접속하는 공간을 제공함으로써, 중요한 고객의 요구인 '엔터테인먼트(entertainment)'를 창조하고 있다.

금융계의 e비즈니스에서 '신뢰성'은 가장 중요한 요소 중의 하나이다. 안전성을 확보하는 기술로 정보의 비밀 보장을 약속해, 고객으로부터 신용을 얻는 것이 결과적으로 수익 확대로 연결되는 것이다.

이런 관점에서 정리된 가치 기반을 토대로 작성되는 가치 맵은 다양한 시나리오에 이용할 수 있다. 왜냐하면 우위성에 관심을 가짐으로써 변형이 일어나기 때문이다.

또한 가치 맵은 e비즈니스 사업 계획의 다음 단계인 'e비즈니스 모델 수립'에서, 비즈니스 모델의 경쟁 우위성을 결정할 때도 매우 효과적이다.

제3절 e비즈니스 모델 수립

고객층과 고객에게 제공하는 가치를 결정했으면, 다음 단계에서는 경쟁사와 비교하여 우위성을 고려한 가치 맵을 토대로 비즈니스 모델을 정의한다.

비즈니스 모델 수립은 e비즈니스 성공의 전부라 해도 과언이 아니다. 왜냐하면 바로 이것이 경쟁 우위성을 획득하는 가치의 원천이기 때문이다.

요구되는 신규성

비즈니스 모델 수립은 '시장의 인식→고객의 결정→제품과 서비스의 설계→사업 기회 결정→사업 구조의 전개' 과정을 거쳐 책정된다.

비즈니스 모델이란 회사와 고객의 관계, 회사의 제품과 서비스, 그리고 그것의 제공 방법과 가치를 정의하는 것이다. 경우에 따라서는 자세하게 정의하는 경우도 있고, 아주 추상적인 표현만 하는 경우도 있다. 그러나 실행으로 옮기려면 역시 자세하게 정의하는 것이 바람직하다.

일반적으로 대부분의 기업은 '계열'에 의한 거래 방법을 채용해 왔다.

예를 들어 음료 제조회사의 소비자에 대한 상품 공급을 살펴보면, 지역적으로 나누어 계열화된 지역 도매상에서 계열화된 각 소매점으로 상품을 공급하는 방식으로 회사의 영업 자원을 이용해 판매해왔다.

이 배경에는 상품 재고 조정의 용이함과 물류 비용의 절감, 신속한 상품 공급이라는 경영 효율적인 사고 방식과 더불어, 계열화로 그룹 전체의 브랜드 가치를 높인다는 사고 방식도 있다.

그러나 e비즈니스로 전개할 때는 기존의 경영 자원에만 의존하지 말고, 자사 제품과 서비스를 소비자에게 공급하는 새로운 방법을 모색할 필요가 있다. 따라서 경영 효율화에 관한 새로운 관점이 요구된다.

또 기업 브랜드의 가치 향상에 관해 연령과 지역이라는 측면에서, 기존보다 훨씬 폭넓은 소비자에게 자사 제품과 서비스를 인식시킬 수 있는 기회를 만들어내는 열쇠도 바로 기업 스스로가 갖고 있다. 따라서 여기서도 브랜드 매니지먼트를 포함한 새로운 방법이 요구되는 것이다.

그럼, 비즈니스 모델을 수립할 때의 주요 검토 항목이 e비즈니스에서는 어떻게 변화하는지 살펴보자.

e비즈니스 모델 수립

- 사업 기회의 분석
- 우선 순위의 배정
- e비즈니스 모델의 수립

	제1단계	제2단계	제3단계	제4단계
People / Process / Technology / Strategy	사업 환경과 사업 구조의 분석	e비즈니스 모델의 수립	비즈니스 모델 실현 요소의 명확화	신규 사업 계획의 수립

회사의 목표 달성에 가장 크게 공헌한다고 생각되는 사업 기회를 결정해 e비즈니스 모델을 수립한다.

e비즈니스 모델 수립 (예)

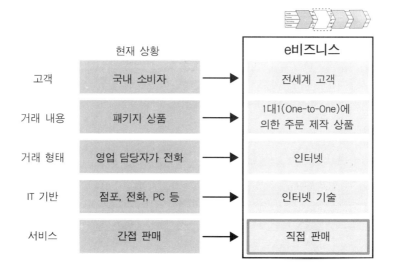

	현재 상황	e비즈니스
고객	국내 소비자	전세계 고객
거래 내용	패키지 상품	1대1(One-to-One)에 의한 주문 제작 상품
거래 형태	영업 담당자가 전화	인터넷
IT 기반	점포, 전화, PC 등	인터넷 기술
서비스	간접 판매	직접 판매

고객

우선, 가치 맵에 기초하여 자사 제품과 서비스를 누구에게 제공할지 세밀하게 조사하고 정리한다.

예를 들어 유통업자의 분점 계획에서 흔히 이용되는 5km 상권, 10km 상권 같은 물리적·지리적인 개념을 탈피한 고객과 시장에 대한 사고 방식이 필요하다.

고객은 하루 24시간, 일년 365일 내내 자사 제품을 구입할 수 있는 존재로서, '상권'이라는 테두리를 벗어나 모든 장소에 존재하고 있는 것이다.

거래 내용

이것도 가치 맵을 토대로 거래 대상인 고객에게 어떤 제품과 서비스를 제공할지 세밀하게 조사하고 정리한다.

예를 들어 기존 채널을 통한 상품 공급과의 제품 믹스(Product Mix)는 경쟁성에서 판단하고 검토해야 한다.

그와 동시에 24시간 영업하는 편의점이나 할인매장(Discount Store)과 똑같은 상품을 구비해둔다면, 그들과의 경쟁에서 영원히 이길 수 없을 것이다.

오히려 이런 소매점에서 쉽게 상품을 접할 수 있기 때문에, 모처럼 만들어낸 e비즈니스에 의한 거래의 특이성을 고객에게 알리지 못할 위험성도 갖고 있다는 것을 인식해야 한다.

고급 비즈니스 모델 (티켓 판매의 예)

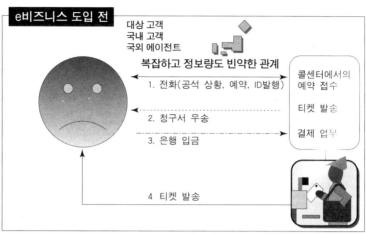

e비즈니스 도입 전

대상 고객
국내 고객
국외 에이전트

복잡하고 정보량도 빈약한 관계

1. 전화(공석 상황, 예약, ID발행)
2. 청구서 우송
3. 은행 입금
4. 티켓 발송

콜센터에서의
예약 접수

티켓 발송

결제 업무

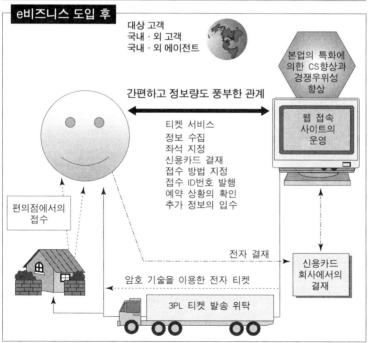

e비즈니스 도입 후

대상 고객
국내 · 외 고객
국내 · 외 에이전트

본업의 특화에
의한 CS향상과
경쟁우위성
향상

간편하고 정보량도 풍부한 관계

웹 접속
사이트의
운영

티켓 서비스
정보 수집
좌석 지정
신용카드 결재
접수 방법 지정
접수 ID번호 발행
예약 상황의 확인
추가 정보의 입수

편의점에서의
접수

전자 결재

신용카드
회사에서의
결재

암호 기술을 이용한 전자 티켓

3PL 티켓 발송 위탁

거래 형태

영업 담당자가 고객이 있는 곳을 직접 찾아가 거래를 성사시키는 기존 형태에서, 고객이 직접 자사로 접속하는 형태로 변화한다는 점을 전제로, 어떤 채널을 어떻게 정비할지 명확하게 해둘 필요가 있다.

그와 동시에 고객이 요구하는 수준으로 상품과 서비스를 제공할 수 있는 채널을 설계할 필요가 있다.

인터넷을 이용한 거래 형태라노 자사 제품을 찾는 고객이 원하는 거래 속도를 잘 파악해, 자사의 유통 과정이나 재고 관리 체제를 고려한 다음, 그것을 실현할 수 있는지 없는지를 잘 판단해서 고객의 희망에 맞추도록 재구축하는 것도 필요하다.

서비스

현재 고객이 받고 있는 서비스와 새롭게 고객에게 제공하는 서비스를 비교해 고객 가치의 소재를 분명히 한다.

일찍이 인터넷 뱅킹 등으로의 진출을 꾀했던 미국이나 유럽 기업들은, 사전에 인터넷 환경에서 제공할 수 있는 새로운 서비스 형태를 디자인해, 이 서비스로 고객이 받을 수 있는 가치를 확실하게 인식한 다음 실행을 단행했기 때문에 큰 성공을 거두었다고 할 수 있다.

이 예에서도 알 수 있듯이 e비즈니스에서 제공하는 서비스를 명확하게 그려보는 것은 아주 중요한 작업이다.

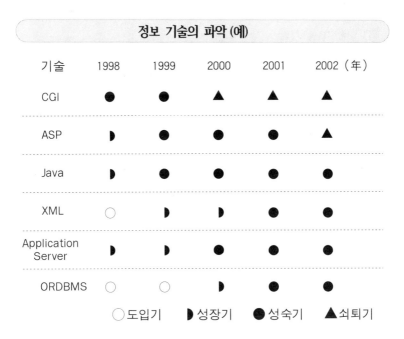

정보 기술의 파악 (예)

기술	1998	1999	2000	2001	2002 (年)
CGI	●	●	▲	▲	▲
ASP	◗	●	●	●	▲
Java	◗	●	●	●	●
XML	○	◗	◗	●	●
Application Server	◗	◗	●	●	●
ORDBMS	○	○	◗	●	●

○도입기　◗성장기　●성숙기　▲쇠퇴기

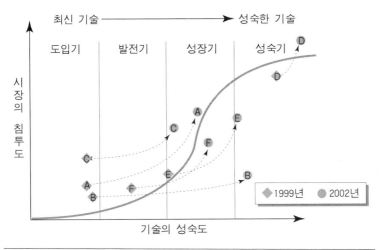

e비즈니스 실현에 필요한 정보 기술의 진보와 용도의 변화를 파악한다.

IT(정보 기술) 기반

지금까지 정의한 네 가지 요소를 어떻게 정보 기술로 실현하는지 정의한다.

비즈니스 모델을 수립할 때에는 정보 기술의 변화·발전을 가능하면 정확하게 파악하는 것이 중요하다. 즉, 기술로서 도입 가능한 타이밍에 맞춰 비즈니스 모델을 구축해야 한다.

증권회사는 지금까지 각 영업소에서 PC·전화·팩시밀리를 이용해 고객에게 주가 정보나 주식 거래 절차 등의 정보를 제공해왔다. 그런데 이런 수단을 인터넷화함으로써 기존과는 다른 시장 고객을 개척함과 동시에 각 점포 운영에 따라 발생하는 비용을 절감하고, 나아가서는 고객 만족을 높이는 데도 성공하고 있다.

대부분의 기업은 거품 경제 시대를 지나면서 경영 자원의 확대를 위해 다방면으로 투자를 해왔다. 하지만 정보화 투자 비율은 미국과 유럽 기업에 비교하면 여전히 낮은 수준이다.

이것은 새로운 사업 기회의 발견과 사업 자체의 확대를 저해하는 요인 중의 하나가 되고 있다고 생각된다.

효율화를 실현시키기 위한 정보화에 대한 투자가 ERP(Enterprise Resource Planning)로 대표되는 소프트웨어에 소비된 결과, 이익 확대에 기여하는 정보화 투자는 충분히 이루어지지 못했었다.

e비즈니스로의 사업 전개를 할 때, 자사의 전체적인 비즈니스 모델이 최대의 힘을 발휘할 수 있는 환경을 마련하기 위해서는, 현재의 기술 기반에 어떤 기반을 덧붙여 설비해야 할지 검토한 다음 신속하게 실행해야 할 것이다.

제4절 비즈니스 모델 실현 요소의 명확화

1. 비즈니스 모델 실현 요소의 명확화

시장에서 경쟁 우위를 구축하기 위한 중요한 요소로 확인된 e비즈니스가 구체적인 비즈니스 모델로 수립되고 나면, '비즈니스 모델을 어떻게 실현하는가'라는 단계로 넘어간다.

이 단계에서는 비즈니스 모델을 실현하는데 필요한 요소를 명확화한다. 이것은 다음 세 가지 요소로 검토한다. 즉 '정보 기술', '업무 프로세스', '조직·사람'이다.

이 요소들을 검토하는 것은 바로 비즈니스 모델을 실행 모델로 상세화하는 것이다. 따라서 이 단계에서의 설계 작업 품질이 e비즈니스의 성패를 좌우할 정도로 운용상의 관점에서 주의를 요하는 단계라고 할 수 있다.

정보 통신 기술의 발전이 가져다준 e비즈니스의 비즈니스 모델에서 이 기술은 비즈니스 모델의 인프라가 된다.

실행 모델에서는 하드웨어, 네트워크, 데이터 및 애플리케이션의 구축이 상세한 단계(즉, 시스템 개발에서 말하는 기본 설계 단계)까지 내려간다.

기존의 비즈니스와 달리 고객과의 관계성이 변화하는 e비즈니스에서 '업무 프로세스'는 모두 고객 관점에서 이루어져야 한다.

앞에서도 설명했듯이 기업과 고객 사이에서는 유형과 무형의 다양한 가치가 교환되고 있다. 이러한 가치 창조에 크게 기여하는 업무 프로세스가 무엇인가를 결정 짓는 일이 가장 중요하다.

그런 다음 결정된 업무 프로세스의 성과를 최대한 이끌어내기 위해 다른 업무 프로세스가 어떠해야 하는지도 검토해야 한다.

업무 프로세스의 설계는 기존의 프로세스와 새로운 업무 프로세스와의 차이를 분석하고, 그것을 보충하기 위한 리소스의 검토도 이루어져야 한다.

새로운 비즈니스 모델의 실현은 기업의 '사람·조직'에 대한 변혁없이는 이루어질 수 없다. 고객 관점의 '업무 프로세스'에서는 그 최대한의 성과를 이끌어내기 위한 조직의 설계가 필요하다.

한편 '정보 기술'의 진화로 기존의 제약에서 해방되어 구현화가 가능해지면서, 효과적으로 기능하는 실질적인 조직 형태도 있다.

또 조직의 설계는 e비즈니스의 중장기적인 전망, 회사 전체에서의 위치 선정이라는 측면도 충분히 검토되어야 한다.

그리고 인적인 측면에서는 기술 요건을 명확히 하여 아웃소싱을 포함한 인적 자원의 배치가 이루어져야 한다.

비즈니스 모델 실현 요소의 명확화

- 적용 정보 기술의 설계
- 업무 프로세스의 설계
- 조직 · 사람의 개념 설계

People
Process
Technology
Strategy

제1단계 사업 환경과 사업 구조의 분석

제2단계 e비즈니스 모델의 수립

제3단계 비즈니스 모델 실현 요소의 명확화

제4단계 신규 사업 계획의 수립

정보 기술, 업무 프로세스, 사람 · 조직에 대해 비즈니스 모델 실현에 필요한 요소를 명확히 한다.

e비즈니스의 비즈니스 모델 실현에서 가장 중요한 것은 '정보 기술', '업무 프로세스', '조직 · 사람'의 각 요소가 제로 베이스에서, 그리고 상호 정합성(整合性)을 기반으로 검토 설계된다는 것이다.

기존 비즈니스 모델의 제약 요인으로는 새로운 비즈니스 모델을 구축할 수 없다. 기업이라는 유기체가 그 능력을 충분히 발휘하기 위해서는 그것을 형성하는 모든 요소의 조화가 필요하다. 즉, 각 요소의 정합성이 이루어지지 않으면, 새로운 비즈니스 모델의 창출은 불가능한 것이다.

2. 정보 기술의 파악

비즈니스 모델의 구축에서 정보 기술(IT)의 파악은 아주 중요한데, ① 'IT 기점에서 업무 모델의 파악'을 실시한 다음, ② '개별 IT 요소의 파악'이 필요하다.

우선 ① 'IT 기점에서의 업무 모델의 파악'인데, ERP(Enterprise Resource Planning : 통합업무관리) 모델이나 SCM(Supply Chain Management : 공급사슬관리) 모델, ASP(Application Service Provider) 이용 모델 등 신업무 모델을 파악하지 않고서는 비즈니스 모델을 실현할 수 없다.

현재도 ERP 시스템 패키지(SAP R/3나 Oracle Application 등)의 이용이나 업무 아웃소싱 서비스가 많은 기업에 이용되고 있지만, 대부분 업무 효율화를 위한 수단으로서만 이용되고 있다.

새로운 비즈니스 모델의 실현에는 업무 효율화를 위한 IT 파악이 아니라, 'IT를 기점으로 한 업무 모델의 파악'을 실시해 업무 프로세스를 설계해야 한다.

예를 들어 ERP・SCM 시스템 모델에 의해 업무를 자유롭게 각 기능(Component)으로 구분하는데 성공함으로써, 인터넷의 발전과 함께 기존의 업무 형태 및 조직 형태의 개념에서는 생각할 수 없었던 가상 기업(virtual corporation : 여러 기업이 마치 하나의 기업처럼 기능하는 것)이 실현되었다.

앞으로는 인터넷 기술의 발달과 함께 기존의 가치 사슬(사업・업무의 가치 사슬)이 아닌, 새로운 가치 사슬이 실현될 것이다.

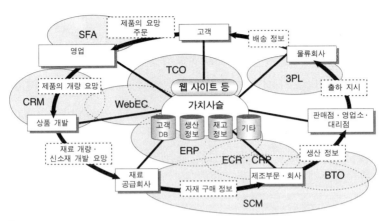

e비즈니스 시스템과 기존 시스템의 통합

SFA
영업
제품의 요망 주문
고객
배송 정보
물류회사
3PL
출하 지시
TCO
웹 사이트 등
가치사슬
제품의 개량 요망
CRM
WebEC
상품 개발
고객 DB 생산 정보 재고 정보 기타
판매점 · 영업소 · 대리점
ERP
ECR · CRP
생산 정보
재료 개량 · 신소재 개발 요망
재료 공급회사
제조부문 · 회사
BTO
자재 구매 정보
SCM

개별 도입한 각종 시스템을 EC의 관점에서 통합한다.

또 인터넷의 발달과 이용자의 증가로 ASP가 급속도로 보급될 것이 확실시되고 있어서, 앞으로는 ASP를 이용한 업무 프로세스 모델의 적용이 활발해질 것이다.

즉, 시스템 · 경리 · 인사 업무 같은 간접 업무 기능의 아웃소싱 뿐만 아니라, 영업 · 판매 · 생산 · 구매 같은 기간 사무나 경영 관리 · 기획 사무 등의 아웃소싱이나 제휴도 더욱 활발해질 것으로 예상된다.

또 데이터 베이스 기능과 시스템 처리 속도 등의 발전과 인터넷을 이용해, 기존의 마케팅에서는 불가능했던 다차원 · 다각적인 데이터 분석에 기초한 대규모적인 개별 마케팅을 쉽게 실현할 수 있는 환경이 되면서, 상품과 서비스의 기획·개발 형태나 서비스 제공 형태가 근본적으로 변화하기 시작했다.

이와 같이 IT의 변화로 사업 형태나 업무 모델 자체가 변화하고 있으며, 업무 모델이나 사업 형태에서의 파괴(breakdown)사고형과 더불어, IT에서 창출되는 업무 모델이나 사업 형태를 파악·활용하는 것이 비즈니스 모델 실현 요소로서 반드시 필요하다.

그리고 예전부터 실시되어 왔던 효율화·속도 향상 수단으로서의 IT 활용을 위한 '개별 IT 요소의 파악'이 필요하다.

'개별 IT 요소의 파악'은 비즈니스 모델의 업무 요건에 대한 실현 여부 및 비용, 실현 기간 등을 기준으로 비즈니스 모델을 실현하는데 사용하는 IT와 시스템 정보를 분석, 선정해나가야 한다.

여기서도 개별 업무 프로세스 관점에서의 IT 요소의 파악이 아니라, 업무 프로세스 전체에서 IT 요소를 파악하는 것이 필요하다.

3. 업무 프로세스의 설계

업무 프로세스를 설계할 때는 아래 5가지 사항에 유의해야 한다.

① 고객과의 관계 구축의 장을 모든 기점으로 할 것

e비즈니스로의 전개는 고객이 기존과는 다른 채널을 통해 자사와 접촉할 수 있게 된다는 것을 의미한다. 즉 업무 프로세스에서 살펴보면, 네트워크 웹 화면, 콜 센터, 휴대정보단말기를 가진 영업 담당자 등 모든 고객과의 접점(관계 구축의 장)을 기점으로 업무 프로세스를 설계하는 것이 중요하다.

이때 사업 환경과 사업 구조의 분석에서 소개한 각 운영자간의 가치를 나타낸 가치 맵(value-map) 등을 활용해 상관 관계를 정리한 다음, 각각의 접속 채널에서 요구되는 가치와 해야 할 역할을 명확하게 검토하여 업무 프로세스를 설계해야 한다.

② 고객 가치에 기여할 수 있는 업무를 수립할 것

e비즈니스에서 고객이 회사에 바라는 가치는 무엇일까? 업무 프로세스를 설계할 때에는 '모든 업무 프로세스는 최종적으로 고객 가치를 증대시키기 위해 존재해야 한다'는 것을 재인식해야 한다.

예를 들어 인터넷에는 '정보 제공', '선택', '편의성', '주문 생산', '효율화', '커뮤니티', '오락성', '신뢰성'이라는 8가지 우위성(가치)이

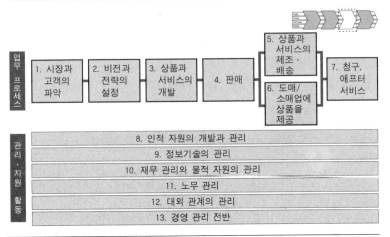

업무 프로세스의 설계 (1)

업무 프로세스:						
1. 시장과 고객의 파악	2. 비전과 전략의 설정	3. 상품과 서비스의 개발	4. 판매	5. 상품과 서비스의 제조·배송 / 6. 도매/소매업에 상품을 제공	7. 청구, 애프터 서비스

관리·지원 활동
8. 인적 자원의 개발과 관리
9. 정보기술의 관리
10. 재무 관리와 물적 자원의 관리
11. 노무 관리
12. 대외 관계의 관리
13. 경영 관리 전반

정보 기술의 적용을 전제로 비전을 실현하는 최적의 업무 프로세스를 설계한다.

있다. 성공한 기업은 이 8가지 우위성을 인식하고, 차별화 요인으로서 특색을 내세울 만한 우위성을 결정해, 고객이 요구하는 가치를 증대시키기 위한 중요한 우위성은 무엇인지 검토한 뒤 업무 프로세스를 설계했던 것이다.

이와 같이 e비즈니스에서 업무 프로세스를 설계할 때, 제공하는 고객 가치에 주의해서 그 가치를 증대시키기 위해 중요한 것은 어떤 업무 프로세스인지 확인한 다음 결정해야 한다.

그리고 그 업무 프로세스를 잘 실행해 가치를 창출하기 위해서는, 일련의 업무 프로세스를 담당하는 사내·외 운영자와의 제휴를 어떻게 해야 할 지에 대해서도 충분히 고려해야 한다.

또 부수적인 업무를 어떻게 하면 효율적으로 할 것인지, 어떻게

를 어떻게 해야 할 지에 대해서도 충분히 고려해야 한다.

또 부수적인 업무를 어떻게 하면 효율적으로 할 것인지, 어떻게 비부가가치 업무 기능을 배제해야 할 것인지에 대해서도 미리 충분히 검토해두는 것도 잊어서는 안 된다.

③ 귀납적이 아니라 연역적인 관점에서 설계할 것

e비즈니스로의 전환은 시장·고객 전략, 채널 전략, 물류 전략, 제품·서비스 전략이라는 여러 가지 중요한 요소에 관한 쇄신과 재구축의 과정이기도 하다.

따라서 기존의 상관습이나 타사와의 동업, 회사내 조직의 업무 범위와 권한 등에 얽매이면 기대한 만큼의 효과를 얻을 수 없다.

대부분의 경우 e비즈니스에 진출하면 고객과의 접촉 기회나 고객이 제공하는 정보량은 증대한다. 그렇지만 그 질문에 대응하는 업무 품질과 속도를 향상시키기 위해서는 기존의 업무 범위나 업무 수준을 초월한 새로운 업무 형태를 창출해야 한다.

이런 유의점은 다른 단계에서도 필요하다. 하지만 업무 프로세스의 설계 단계에서는 특히 중요하다.

④ 최고의 성공 사례를 적용해 볼 것

제로 베이스에서 업무 프로세스를 검토하는 것과 더불어 e비즈니스의 최고의 성공 사례를 수집해 성공한 기업이 어떤 업무 프로세스로 비즈니스를 행했는지 상세하게 조사하고 연구해야 한다.

현재 성공한 기업이 e비즈니스의 기본이 되는 업무 프로세스를 어떻게 개선해왔는지 아는 것만으로도 큰 도움이 된다. 그 이유는 e비즈니스를 시작할 때 똑같은 실수를 저지르지 않기 때문이다.

또 업무 프로세스 설계의 성공 요인을 살펴보고, 그것을 자사가 상정하고 있는 업무 프로세스에 적용해 검토해보면, 자신들이 안고 있는 문제점을 해결하기 위한 효과적인 방법을 찾아낼 수 있다. 단, 타사의 성공을 자사의 성공으로 바꾸기 위해서는 처음부터 끝까지 자사의 모든 업무 프로세스를 이해하고 있어야 한다.

그리고 '기술 차이'를 자사의 상황에 적용시켜 '어떻게 극복할 수 있는지', 나아가 '독자적이고 혁신적인 접근 방법을 어떻게 창조하고 획득할 수 있는지' 파악하는 것이 바로 성공의 관건이다.

⑤ 기술 차이를 세밀하게 분석할 것

업무 프로세스를 설계하는 과정에서는 우선 기존의 업무 프로세스와 새롭게 요구되는 업무 프로세스와의 차이를 검토해보아야 한다. 그런 다음 자사가 보유하고 있는 자원(지적·인적 자원 등)을 이용해 그 차이를 극복할 수 있는지 없는지, 어떻게 자원 확보를 구체화할지 명확히 해야 한다.

e비즈니스의 성공에 요구되는 회사의 입장에서 필요한 기능(업무 프로세스)을 개선함으로써 얻어지는 효과를 분석, 정리한 예가 174쪽의 '업무 프로세스의 설계(1)'이다.

실제로는 이와 같은 실태 분석에 앞서서 각 기능의 바람직한 모습을 연역적인 접근 방법으로 제로 베이스에서 검토하여, 현 실태와의 차이를 보충하는 데 필요한 자원 확보를 위한 실행 계획과 그 실행 가능성을 충분히 검토해야 한다.

업무 프로세스의 설계 (2) : 예

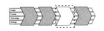

회사로서 필요한 기능	현재 기술 수준	효 과
·시장과 고객의 파악	1 ❷ 3 4 5 낮음　　　　　높음	·상품 개발 업무의 질적 향상 ·고객의 신뢰성 획득 ·매출 향상
·상품과 서비스의 개발	1 2 ❸ 4 5 낮음　　　　　높음	·신규 개발 상품의 성공률 향상 ·신규 상품의 개발 사이클 단축 ·신규 상품의 매출 증대
·판매	1 2 3 ❹ 5 낮음　　　　　높음	·고객 만족도의 상승 ·판매 현장에서의 정보 수집 효율화
·상품과 서비스의 제조·배송	1 2 3 ● 4 5 낮음　　　　　높음	·제조/물류 비용의 절감 ·제품의 품질 향상 ·배송 업무의 질적 향상
·인적 자원의 개발과 관리	1 2 ● 3 4 5 낮음　　　　　높음	·최적의 인재 육성과 관리 ·이직률/퇴사율의 계속적인 저하
·정보 기술의 관리	1 2 3 ● 4 5 낮음　　　　　높음	·종업원 직무 수행 능력의 최적화 ·시장에서의 경쟁력 유지
·대외 관계의 관리	1 2 3 4 ● 5 낮음　　　　　높음	·브랜드 이미지의 향상과 유지 ·신규 파트너십의 리스크 경감

설계한 업무 프로세스와 기존 기술 수준과의 차이를 분석하고, 기술 향상이 어떤 성과로 연결되는지 고찰한다.

4. 조직의 설계

조직의 설계는 업무 프로세스의 설계와 동시 병행적으로 이루어지는데, 다음 2가지 사항에 유의하여 실시해야 한다.

① e비즈니스의 타임프레임(Time-frame)

e비즈니스로의 전개는 단기적인 대응으로 끝나는 것이 아니다. 따라서 그 타임프레임을 어떻게 파악하는지가 중요한 관건이라고 할 수 있다.

장기적인 시점에서는 해당 사업의 장래성으로서 이익사업부제나 독립 법인도 생각할 수 있으며, 또 장래성에 대한 이행 조치로서의 프로젝트팀화라는 방법도 생각할 수 있다.

② 기존 조직 단위와의 중복에 관한 지침

전개된 e비즈니스는 기존 조직 내의 업무와 통합되거나 기존 조직의 업무 기능의 재설계를 발생시킨다. 또 조직간의 업무 범위나 업무 분담에 이르기까지 다양한 조직의 중복을 발견하는 단서도 제공한다.

기업은 어떤 업무가 중복되는지, 조직 단위에는 어떤 형태를 채용하는지를 명확히 고찰한다면, 기업 내에 중복된 업무가 산재해 경영 자원의 효율적인 활용을 저해하는 일은 없을 것이다.

조직의 설계는 e비즈니스를 전개하는 회사 전체 차원의 위치 선정에서부터 판단되어야 한다. 최적의 경영 자원 배분을 전제로 한 조직 설계가 요망되기 때문에, 회사가 현재 보유하고 있는 경영 자원과 조직 설계 사이에 괴리를 발견했을 경우에는, 그 사업 자체를 외부 사업자에게 업무 위탁하는 방법도 검토할 필요가 있다.

조직 · 사람의 개념 설계

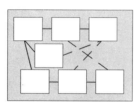

• 매트릭스(Matrix) 조직
기능별 조직 형태와 사업부의 조직 형태의 조합. 동시에 다른 역할을 하는 조직에 종사한다.

변화대응형

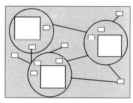

• 단위 조직
단독 또는 소수 그룹으로 자기완결형 업무에 종사한다. 필요에 따른 의사 결정 과정이 존재한다.

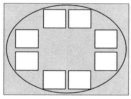

• 프로젝트팀
특정 과제를 해결하기 위해 모인 조직 횡단적인 멤버로 구성된 조직

**전략사업단위
(SBU)**

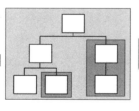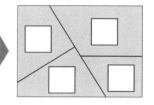

• SBU
몇 개의 사업부를 하나의 전략 사업 단위로 묶는다.

• 분사화(分社化) · 독립법인화(Company)제
SBU의 발전 형태. 사업 전략 · 투자에 대한 의사 결정을 할 수 있는 조직.

---

e비즈니스의 운영에 적합한 조직으로서, 피라미드형 조직에서 변화대응형 조직/분사화 · 독립 법인으로의 이행을 검토한다.

제5절 신규 사업 계획의 수립

비즈니스 모델과 실행 모델의 설계가 완료되면 사업 계획 자체의 수립 단계로 넘어간다.

이미 본장 제1절의 'e비즈니스 전략 구축의 중요성'에서도 서술했듯이, e비즈니스에는 인터넷 기술의 급속한 발달에 따라 사업 계획의 진부화가 가속화될 수 있는 리스크가 존재한다.

따라서 사업 계획을 수립할 때에도 e비즈니스와 기존 비즈니스는 분명한 차이가 있다.

초기 투자비용의 산출, 투자 회수 계획, 사업 채산성 분석 등 기존의 사업 계획에서 제시되어야 할 사항은 e비즈니스에도 반드시 필요하다.

단, 정보 기술의 발전 속도의 가속화나 신규 참가자 수의 확대, 시장 참여의 용이성 같은 시장 환경의 변화와 고객 수요의 단기화 같은 고객 환경의 변화를 생각한다면, 기존의 중장기 사업 계획과 더불어 새롭게 퇴출 기준을 설정할 필요도 있다.

1. 마일스톤 계획

e비즈니스로 전개할 때, 몇 가지 수립한 전략적인 대안마다 이정표(Mile-stone)를 수립해야 한다.

예를 들어 지금까지 서술해 온 요소의 장래 예측치를 토대로 해 당사의 e비즈니스가 어느 시점에서 자사의 사업 확대에 공헌할 수 있는지 분석하고, 변화가 극심한 시장으로의 전환이라는 것을 고려하여 최대치, 최소치를 산출하는 것도 필요하다.

사업성의 분석에 대해서는 DCF(Discounted Cash Flow)를 비롯한 유사 기업 분석 같은 방법이 있는데, 이런 분석 방법이 과연 e비즈니스와 같은 신규 사업 분석에 적합한지 의심스럽다.

시장의 변모, 고객 동향의 단기화, 제품 자체의 유통 기한의 단명화라는 관점에서 생각하면, 이와 같은 평가지표로 e비즈니스로의 사업화 계획을 평가하는 것은 어려울지도 모른다.

그러나 비록 세밀한 분석은 아니지만 초기 투자만 하는 자금 수요 예측과 이것이 모든 회사에 미치는 영향을 정적으로 파악하는 데는 아주 유용할 것이다.

신규 사업 계획의 수립

• 사업의 성공에 이르는 이정표(Milestone)
• 개요 단계의 실행 계획 책정
• 투자 규모 및 비용의 파악
• 사업 가치의 평가
• 리스크의 파악과 평가
• 사업의 축소 · 사업 철수 · 매각에 대해

	제1단계	제2단계	제3단계	제4단계
People	사업 환경과	eβ즈니스	비즈니스 모델	신규 사업
Process	사업 구조의	모델의	실현 요소의	계획의
Technology	분석	수립	명확화	수립
Strategy				

e비즈니스에 의한 신규 사업을 왜 하는지, 어떻게 하는지, 그 투자 규모가 어느 정도인지, 또 비즈니스로서 어느 정도 실현성이 있는지에 대해 개요된 레벨의 사업 수지 계획으로 정리한다.

사업의 성공에 이르는 이정표

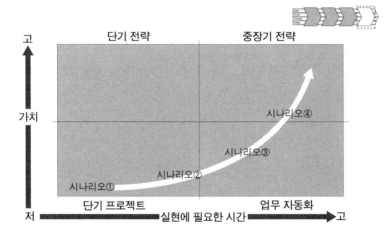

비즈니스에 끼치는 영향과 실현 용이성에 따라 단기적인 시책부터 중장기적인 전략까지 단계적인 접근을 명확히 한다.

2. 실행 계획의 수립

실행 계획의 수립은 특별히 어려운 것은 아니다. 변혁이 필요한 영역(대응 테마)에 대해 각 담당자가 무엇을 실행해야 하는지 그려볼 수 있는 단계까지 작업 내용을 분석해 진척 상황을 모니터 할 수 있는 방법을 생각해 보면 된다.

실행 계획은 마일스톤 계획을 통해 설정되는 변혁 영역(대응 테마)이나 과제에서 한 걸음 더 나아가 그 실행을 위한 계획과 작업 절차를 상세화한 것이다.

그로 인해 마일스톤 계획의 실행 보증 체제가 완성되면, 각 전략 시나리오는 '항목'이 아니라 실행해야 할 "To Do"가 된다.

실행 계획으로의 분석 단계는 대응 테마에 따라 다소 차이는 있지만, 대개 다음 항목을 검토 결정한 뒤 변혁 영역마다 '언제까지', '어떤' 비즈니스를 실행할지 185쪽의 표 '개요 단계의 실행 계획 수립'에서 나타낸 것처럼 정리해 나가게 된다.

① 변혁이 필요한 영역
   가치 맵을 활용해 전략 시나리오의 실현에 반드시 필요한 중요 영역을 추출한다.
② 변혁 영역의 현황
   추출된 변혁 영역에 대해 업무 프로세스가 현재 어떻게 이루어지고 있는지 조사한다.
③ 변혁 영역의 바람직한 모습

개요 단계의 실행 계획 수립

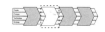

변혁영역	현재 상황	바람직한 모습	시 책	필요 자원	평가지표	우선 순위
고객①	EDI (수주건수 50%)	웹(EDI 유지는 고비용)	웹EDI	인원 3명 투자 2.5억엔	3년 후 목표 EDI+웹→75%	2
고객②	온라인 거래	웹(EDI 도입은 고비용)	웹에 의한 수발주의 실현	인원 1명+외주 투자 2억엔	3년 후 목표 웹→20%	1
공급업자①	온라인 거래	EDI + 웹	웹EDI	인원 3명 투자 2.5억엔	3년 후 목표 EDI+웹→50%	3
공급업자②	온라인 거래	웹(EDI 유지는 고비용)	웹에 의한 수발주의 실현	인원 1명+외주 투자 2억엔	3년 후 목표 웹→35%	6
물류업자	EDI의 한정적 이용	거래 완전 대응 EDI	EDI의 이용 확장	인원 5명+외주 투자 3억엔	3년 후 목표 EDI→75%	4
마케팅	웹의 한정적 이용	대화 형식의 웹 시스템	1대1 마케팅	인원 1명+외주 투자 2억엔	3년 후 목표 1대1→75%	5

각 단계마다 '언제까지', '어떤' 비즈니스를 실행할 것인지를 결정하여, 그에 대응한 개요 단계의 실행 계획을 수립한다.

변혁 영역으로서 설정된 업무 프로세스의 바람직한 모습을 제로 베이스에서 그려본다.

④ 시책

바람직한 모습에 다가가기 위해 어떤 시책을 수립할지, 각 변혁 영역에 대한 개별 시책을 수립한다.

⑤ 필요 자원

시책의 실행에 필요한 경영 자원(필요 인원, 투자액 등)을 산정한다.

⑥ 평가지표(달성 시기, 도달 수준 등)

시책의 달성 시기, 도달 수준 등을 정량적으로 나타내, 진
보 상황을 모니터하기 위한 평가지표로 설정한다.

⑦ 우선 순위

'회사의 전략적 우위성을 구축하기 위해서는 어느 영역에서
부터 착수하는 것이 가장 효과적인가?' 라는 시점에서 우선
순위를 결정한다.

⑧ 담당 부서 또는 담당자(관련 협력 부서)

담당 부서나 담당자를 정하고, 담당 영역 및 책임 소재를 명
확히 한다.

특히 e비즈니스에서는 기존의 가치 사슬을 하룻밤 사이에 완전
히 새로운 형태로 교체할 수 있으므로, ⑥, ⑦에서 '경쟁 우위 구축
에 다다르는 시간'이라는 요소를 충분히 고려할 필요가 있다.

또 각 실행 계획이 마일스톤의 달성을 지원하고 있는지, 각 부서
의 실행 계획은 회사 전체 차원에서 봤을 때 일관성이 있는지 확인
하는 것도 잊어서는 안 된다.

제6절 요점 정리

　명확한 전략에 기초한 사업 계획을 수립, 전개하는 것이 요구된
다는 점은 기존 비즈니스나 e비즈니스나 모두 마찬가지다.

　단, e비즈니스 전략 구축에서는 '어떤 가치를 고객에게 제공하는
가', '새롭게 제공 가능한 가치는 무엇인가'를 보다 더 세밀하게 검
토할 필요가 있다.

　그것을 위해서는 지금까지 전략 구축시 전제·제약 조건으로 취
급했던 과거의 상관습(기존의 공급업자와의 관계나 고객과의 관계
등)을 버리고, 제로 베이스 시점에서 '가치'에 대해 엄밀히 재검토
해야 한다.

　'새로운 가치'를 제공할 수 있는 비즈니스 모델을 구축할 때, 가
장 중요해지는 것이 '눈에 보이지 않는 가치'다.

　지금까지 전략 이론 중에서 그다지 취급되지 않았던 공급업자와
고객 사이에 존재하는 '눈에 보이지 않는 가치'를 파악해, '새로운
가치'로 제공할 수 있는가가 e비즈니스에서의 성공을 가름하는 중

요한 열쇠가 된다.

또 '의사 결정 타이밍', '전략 전개 속도'도 앞으로 점점 더 중요해진다. 테크놀로지의 놀라운 발전, 규제 완화, 국제적인 경쟁의 격화, 소비자 행동의 변화, 가치 사슬의 재편에 의한 새로운 비즈니스 모델의 출현 등은 전략 수명을 현저하게 단축시키고, 사업 계획을 진부화시킨다.

이것은 신규 참여, 전략 전환, 사업 철수 등의 의사 결정 타이밍을 고려하는데 무척 골치 아픈 과제가 되고 있다.

또 설령 아수 우수한 전략을 수립할 수 있다 해도, 사업 계획으로 전개하는 속도에 따라 기업의 존속에 치명적인 결과를 가져올 수도 있다. '시간'적 요소를 무시하면 사업 계획을 완전히 엉망으로 만들게 되는 것이다.

이 장에서는 e비즈니스의 사업화 계획을 수립하기 위해 필요한 4단계(오른쪽 그림 'e비즈니스 사업 계획의 수립 – 요점 정리' 참조)를 이상의 항목에 초점을 맞춰 설명해왔다.

앞으로 신규 사업으로 e비즈니스를 검토하고 있는 기업이나 이미 시작해서 재고시기에 접어든 기업에서는 이런 접근 방법이나 수단이 크게 도움이 될 것이다.

e비즈니스 사업 계획의 입안 - 요점 정리

e비즈니스의 성공을 위해서 명확한 전략에 기초한 적절한 사업 계획을 신속하게 수립할 필요가 있다. 아더앤더슨에서는 독자적으로 개발한 접근 방법으로 기업의 e비즈니스 전략 수립을 지원하고 있다.

제 4장

정보 시스템의 리스크 관리

▼
▼
▼

정보 시스템의 리스크 관리는 '프로세스, 애플리케이션, 데이터 매니지먼트, 플랫폼, 네트워크, 물리층'의 6가지 기술층에 대해 '전략과 정책, 관리 체제, 테크놀로지 솔루션과 설계, 모니터링'의 4가지 리스크 관리 항목을 실시함으로써 달성할 수 있다.

제1절 *e*비즈니스의 리스크 관리

1. 정보 시스템의 위협과 리스크 관리

지금까지 서술한 바와 같이 인터넷을 이용한 비즈니스는 많은 비즈니스 기회를 갖고 있다. 반면 인터넷이라는 대중적인 인프라를 이용하기 때문에 정보 시스템이 가진 다양한 위협에도 노출되어 있다.

따라서 이 장에서는 e비즈니스와 리스크 관리의 관계 및 그 필요성에 대해 살펴보기로 하겠다.

정보 시스템의 위협과 그 대처 방법

정보 시스템이 가진 위협으로 시스템의 정지, 정부의 누설, 도청·방수(傍受 : 무선통신을 제3자가 수신하는 것), 불법 복사, 데이터 도용 및 악용, 시스템 파괴, 버그에 의한 오작동(Y2K도 그 일례), 바이러스 등을 들 수 있다.

지금까지 정보 시스템은 기업 경영이나 사회 속에 깊숙이 관련되어 상상을 초월하는 속도로 진화하고 있다. 하지만 이런 상황에서 정보 시스템에 한번 장해가 발생하거나 고객 정보 누설 같은 부정한 행위가 발생하면, 그 기업뿐만 아니라 사회 전체에도 막대한 영향을 미칠 수 있다.

즉, 지금과 같은 정보 시스템 사회에서는 '정보 시스템의 위협'이 경영 리스크와 밀접하게 관련되어 있는 것이다. 당연히 기업 경영에서는 오른쪽 그림과 같은 '정보 시스템의 위협'에 대처하는 것이 중요하다.

따라서 다음과 같은 의문에 답하면서 리스크 시나리오를 써보는 것도 좋은 방법이다.

① 자신의 조직 업무에서의 '위협'은 무엇인가?
② 정보 시스템의 위협으로 어떤 일이 발생할 수 있을까?
③ 그것을 어떻게 막을 것인가?
④ 만약 위협이 실제로 일어났다면 어떻게 대처할 것인가?

이와 같이 비즈니스의 관점에서 '위협', '리스크', '위기'를 정리하는 것이 리스크 관리의 첫걸음이다.

e비즈니스에서 리스크 관리의 유의점

e비즈니스에서 리스크 관리라고 하면 보통 기술적인 관점에서 대응하는 경향이 있다.

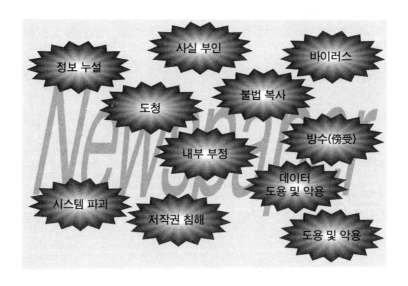

예를 들어 책임 분산을 위한 웹 서버의 이중화나 보안을 강화하기 위한 암호화 소프트웨어의 도입 등 IT 관련 부분을 먼저 구축, 도입하는 것이 흔히 리스크 관리의 해결책이라고 생각하고 있다.

그러나 여기서 주의해야 할 점은 e비즈니스를 유행이나 일과성 트랜드로서가 아니라 새로운 비즈니스 형태로 파악하고 대응해야 한다는 점이다.

인터넷 기술을 특별시하지 말고 다른 것과 마찬가지로 '시스템 기술 중의 하나'라고 인식한 후 리스크에 대처해 나가야 한다.

왜냐하면 IT 기술은 비즈니스를 성공으로 이끄는 하나의 수단일 뿐이기 때문이다. 따라서 어디까지나 비즈니스의 관점에서 리스크를 파악하고, 이 리스크를 관리해 나가는 것이 중요하다.

2. 가상 점포와 실재 점포의 비교

가상 점포의 성공 요인

인터넷상에는 '가상 점포'라는 사이트가 무수히 많다. 그 사이트들 중에서 성공을 거두고 있는 어느 서적 판매 서비스 사이트의 성공 요인은 과연 무엇일까?

- 영업 시간 : 24시간
- 서비스 상품 : 서적 · CD 등 수백만 권 이상이며, 물리적인 제약이 없다
- 가격 : 정가보다 20~40% 정도 저렴
- 입지 : 개념 없음

이 사이트에서는 주요 업무인 서적 판매를 촉진시키기 위해 서적 검색 서비스나 이용자를 사로잡는 정보 제공 등 다양한 부가 서비스도 제공하고 있다.

이어서 가상 점포의 서비스와 물리적으로 존재하는 점포(실재 점포)의 서비스를 서로 비교해, 그 성공 비결이 어디에 숨이 있는지 살펴보기로 하겠다.

가상 점포와 실재 점포의 비교

검색 서비스

가상 점포의 서적 검색 서비스는 수백만 권의 서적 중에서 이용

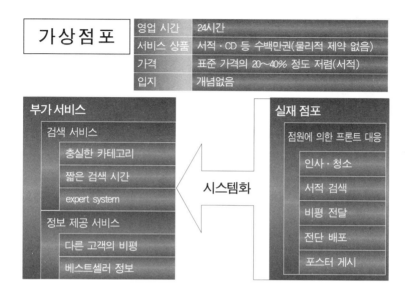

가상 점포와 실재 점포의 비교 ①

가상점포

영업 시간	24시간
서비스 상품	서적·CD 등 수백만권(물리적 제약 없음)
가격	표준 가격의 20~40% 정도 저렴(서적)
입지	개념없음

부가 서비스
- 검색 서비스
  - 충실한 카테고리
  - 짧은 검색 시간
  - expert system
- 정보 제공 서비스
  - 다른 고객의 비평
  - 베스트셀러 정보

시스템화

실재 점포
- 점원에 의한 프론트 대응
  - 인사·청소
  - 서적 검색
  - 비평 전달
  - 전단 배포
  - 포스터 게시

자가 찾는 서적을 카테고리·저자·출판사별로 아주 쉽게 찾아낼 수 있다. 또한 애매한 말을 가지고도 검색할 수 있는 서비스도 제공하고 있다.

반면 실재 점포에서 원하는 서적을 찾으려면 서점에 온 고객이 점원에게 묻거나, 어느 정도 분류된 책장에서 점원이나 고객이 직접 찾아야 한다.

정보 제공 서비스

사이트를 방문한 이용자는 서적의 가격·저자·출판사라는 단순한 정적인 정보뿐만 아니라, 해당 서적을 읽은 사람의 비평도 볼 수 있다. 또 베스트셀러 순위 정보도 제공하고 있다.

　반면 실재 점포에 방문한 고객은 다른 고객의 서평을 점원이 알고 있는 범위 안에서만 전해들을 수 있다. 또 베스트셀러 정보도 점원의 말이나 점포 안에 게시된 포스터를 보고 알게 된다.

광고 · 선전

　프로모션(Promotion)의 관점에서 비교를 계속해 보자.

　이 사이트에서는 일반적인 사이트와 마찬가지로 '포털사이트'나 접속 횟수가 많은 인기 사이트와 서로 연결해, 한번만 클릭하면 고객이 이 사이트로 들어올 수 있는 방법을 이용하고 있다.

　이용자가 이 사이트에서 서적을 구입할 경우에는 주소, 전화번호, E-메일 주소 등의 정보 입력을 간편하게 하기 위해 미리 이용자 등록을 할 수 있다.

　여기서는 자신이 원하는 서적 장르도 등록할 수 있으며, 이 정보를 받은 사이트측은 이용자가 원하는 장르에 관한 정보를 E-메일로 보내주는 것이다.

　또 주요 검색 엔진에 등록하거나 어떤 사이트와 제휴해 서점으로서의 독점적인 위치를 확보하거나 서적 비평을 전속으로 등록받기도 한다.

　반면 실재 점포에서는 주도 면밀한 광고 계획을 세워 점포 내의 포스터 게시, 디렉트 메일(Direct mail)의 발송, 신문 광고란 등을 이용해 광고 · 선전 활동을 하고 있다.

백 오피스

　이 과정까지의 서비스가 고객의 관점에서 가장 접촉하기 쉬우며, 흔히 e비즈니스를 재고할 때 가장 먼저 생각하는 부분이라고 할 수 있다.

일반적으로 고객과 직접 관계되는 부서를 '프론트 오피스(Front-office)', 이것을 지원하는 재고 관리나 구매 관리 등의 업무를 맡는 부서를 '백 오피스(Back-office)'라고 한다. 그럼, 가상 점포와 실재 점포는 백 오피스 업무에 어떤 차이가 있을까?

인터넷상의 서점은 전세계에서 전자적으로 주문을 받아 다양한 결제 수단으로 여신 처리를 한 다음, 이것을 신속 정확하게 처리해 배송, 납품을 해야 한다.

따라서 이 사이트에서는 판매회사와 EDI에 접속해 수주한 정보를 토대로 작성된 구매 데이터를 바로 전자적인 정보로 판매회사로 다운로드하는 방법을 마련하고 있다.

이와 같이 대량의 거래를 짧은 시간 안에 처리할 수 있도록 백 오피스 정비를 철저히 하고 있다.

고객 관리부터 구매 관리까지 모두 시스템화되어 있는 점포도 있고, 사람이 수주 전표를 작성하거나 날인한 다음, 발주 전표를 팩시밀리나 우편으로 판매회사에 보내서 업무를 하는 점포도 있다. 그러니까 비록 점포에 따라 다소 차이는 있지만, 실재 점포도 그 기능은 당연히 존재한다.

e비즈니스에서 정보 기술의 위치

지금까지 인터넷상에 존재하는 서점과 물리적으로 존재하는 서점이 하고 있는 서비스를 프론트 오피스와 백 오피스의 두 가지 측면에서 비교해 보았다.

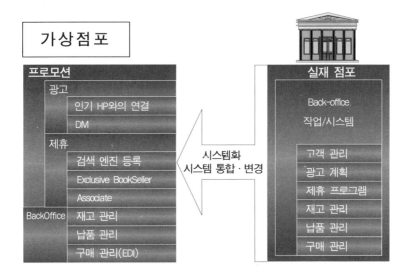

이 비교에서 알 수 있듯 e비즈니스에서도 실재 점포의 비즈니스 진행 방식과 특별히 큰 차이가 없다는 사실이다.

언뜻 보기에 PC 화면에 전개되는 가상 점포가 편의성이나 색다름 때문에 기존의 비즈니스와는 완전히 다른 방법이 이용되고 있다고 생각할 수도 있다.

하지만, 실재 점포에서 사람(또는 시스템일지도 모르지만)이 제공하는 서비스를, 가상 점포에서는 단지 인터넷이라는 인프라를 이용해 기능이 강화된 형태로 시스템화하고 있을 뿐이다.

물론 한마디로 '기능의 강화'라고는 하지만, 네트워크를 매개로 전세계에서 들어오는 대량의 고객 정보나 수주 정보, 문의에 답하기 위해서는 회사 내의 업무 처리 방법을 재고해 이것을 시스템화하는 것 뿐만 아니라, 대폭적인 백 오피스 업무의 기능을 강화하는 것도 필요하다.

또 이런 방법과 형태의 변경과 더불어, 경우에 따라서는 그때까지 우호적인 관계에 있던 도·소매 관계 자체도 근본적으로 재고할 필요가 있을지도 모른다.

하지만 무엇보다 중요한 것은 정보 기술에 필요 이상으로 의지해, 기존의 비즈니스 방법을 그대로 e비즈니스로 변환하는 게 아니라, IT는 어디까지나 하나의 '수단'이라는 사고를 가지고 얼마나 잘 운영해 나아갈 수 있느냐는 점이다.

이 절에서 비교한 결과에 입각하여, 다음 항에서는 e비즈니스가 기업에 어떤 변화를 가져오게 되는지, 특히 IT 측면에서 살펴보기로 하겠다.

3. 정보 기술면에서 살펴본 *e*비즈니스의 유의점

전항에서 가상 점포와 실재 점포를 비교한 결과를 토대로, e비즈니스가 기업에 미치는 변화와 그 유의점을 정보 기술 측면에서 정리해 보겠다.

(1) 비즈니스 전략의 재고

e비즈니스는 기존의 유통·결제의 흐름과 방법, 비즈니스의 속도, 대상 고객 등에 큰 변화를 야기함과 동시에 타업종에서 신규 참가자가 나타날 가능성도 갖고 있다.

따라서 e비즈니스와는 직접 관계가 없다고 생각했던 기업까지도 영향을 받을 수 있다.

여기서 중요한 것은 '가상 점포와 실재 점포의 비교'에서도 설명했듯이, e비즈니스에서 IT 기술은 필요 조건의 하나일 뿐이다.

따라서 안이하게 IT를 이용해 눈앞의 변화에만 대응할 것이 아니라, 앞으로 일어날 변화를 정확하게 예측하고, 그 결과 도출되는 비즈니스 리스크를 어떻게 관리하고 줄여나갈 것인가가 중요한 포인트이다.

(2) 내부 컨트롤 강화와 시스템 설치

서점을 찾은 아이가 그림책을 100권 구입하고 싶다고 점원에게

e비즈니스가 발생시키는 변화와 그 유의점

비즈니스 전략의 재고

    ☆ 속도, 대상 지역·고객, 유통 형태까지 변화
    ☆ 백 오피스(back-office)도 포함한 모든 프로세스가 범위

시스템 내부 컨트롤의 강화와 시스템 실행

    ☆ 인간이 무의식적으로 행했던 부분까지 시스템화
    ☆ 사람이 확인·날인했던 것이 EDI 송신(B-to-B)
    ☆ 얼굴을 대면하고 실시했던 여신 작업(B-to-C)

비즈니스 리스크 관리의 필요성

말한다면, 점원은 어떤 반응을 보일까?

비록 이 아이가 돈을 충분히 갖고 있었다 해도, 아마 이 점원은 먼저 구입자에 대한 최소한의 여신 체크를 할 것이다.

e비즈니스에서는 지금까지 사람이 무의식적으로 행했던 부분까지 시스템화하고 있다. 따라서 위의 예처럼 사람에 의한 여신 작업을 어떻게 시스템화하는지가 문제가 된다.

이것은 B-to-B(기업간 전자상거래)의 경우에도 마찬가지다. e비즈니스에서는 지금까지 사람의 손을 거쳐 이루어졌던 수·발주 작업이 자동화되기 때문에, 발주량의 합리성 등의 확인이나 발주 증빙(證憑)의 전자적 보관에도 주의해서 시스템화해야 한다.

즉, e비즈니스에서는 정보 시스템의 신뢰성·효율성·안전성을 지키기 위해 리스크 관리가 더욱 필요해지는 것이다.

제2절 리스크의 분류

1. 비즈니스 리스크

  목표를 향해 조직을 운영하기 위해서는 경영을 위협하는 다양한 리스크를 정확하게 인식하고, 그에 상응하는 대응책을 강구할 필요가 있다.

  따라서 사업 형태나 그때그때 올바른 리스크를 평가해 불행한 사태가 벌어졌을 때 즉각 대처할 수 있는 방법을 생각하고, 리스크가 발생하지 않는 효율적인 조직 운영을 디자인하는 것이 중요한 포인트다.

  구체적으로는 207쪽의 아래 그림 '비즈니스 리스크 관리 사이클'처럼 최적화된 리스크 관리 프로세스의 사이클을 구축하는 것이다.

  아더앤더슨에서는 209쪽의 그림과 같은 '비즈니스 리스크 모델'

을 이용해 경영을 둘러싼 리스크를 정확하게 분석하고 있다.

그럼, 이 리스크들을 각각 살펴보기로 하자.

① 외부 경영 환경의 리스크

기업의 경영 목표나 경영 전략의 기초적인 조건을 변경시킬 수밖에 없는 외부 요인이 존재할 때 발생하는 리스크다.

외부 경영 환경의 리스크는 국가나 정치의 안정성, 신규 경쟁사의 시장 진출, 관련 법규의 개정 등을 들 수 있다. 그러나 최근에는 수수료의 완전 자유화와 인터넷상에서만 점포를 개설한 증권사도 등장하고 있다.

이제 e비즈니스는 대상 영역이 전 세계화되고 있다. 하지만 세계적인 상식이 국내법으로 규제되는 것이 있는가 하면, 그 반대의 경우도 존재하는 등 특히 법제면에서의 리스크가 중요해지고 있다.

② 업무 리스크

제품과 서비스의 품질, 비용 및 시간 관리가 불충분해 효율적으로 이루어지지 않는 리스크나 고객의 요구를 충분히 효율적으로 충족시키지 못하는 리스크다. 구체적으로는 종업원의 자질, 생산 능력 등을 들 수 있다.

e비즈니스에서는 업무의 처리 속도가 전자적인 속도로 가속하기 때문에, 거래처와의 관계를 비롯해 업무 프로세스 전체를 순식간에 대응할 수 있는 시스템으로 재구축해야 한다.

게다가 이 시스템에 인터넷 기술이 이용되기 때문에, 시스템의 장해는 바로 업무 정지로 연결된다. 따라서 시스템적으로도 이런 관점에서의 리스크 관리 체제가 필요하다.

경영을 위협하는 리스크

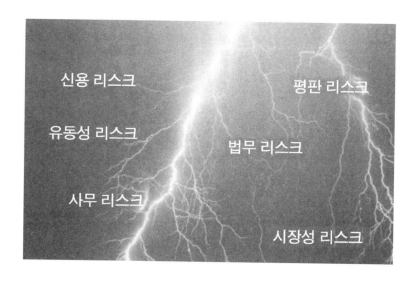

신용 리스크

평판 리스크

유동성 리스크

법무 리스크

사무 리스크

시장성 리스크

비즈니스 리스크 관리 사이클

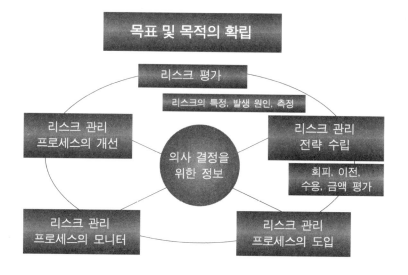

목표 및 목적의 확립

리스크 평가

리스크의 특정, 발생 원인, 측정

리스크 관리
프로세스의 개선

리스크 관리
전략 수립

의사 결정을
위한 정보

회피, 이전,
수용, 금액 평가

리스크 관리
프로세스의 모니터

리스크 관리
프로세스의 도입

③ 권한 리스크

관리직이나 종업원이 적절한 지휘 명령 계통으로 통일되지 않아 각자의 직무를 충분히 이해하지 못하는 리스크다.

이로 인해 관리직이나 종업원이 자신의 권한을 벗어나 독단적으로 업무를 처리할 우려가 있다. 구체적으로는 부적절한 능력이나 실적 평가 기준 등을 들 수 있다.

앞에서 예로 들었던 서점과 아이의 경우처럼, 인터넷을 이용할 때 고객의 식별부터 시스템으로의 접속 권한의 인증, 거래에 대한 여신 승인, 결제 내용의 승인, 상품 수당, 배달(delivery) 준비, 그리고 결제 확인까지 모든 측면에서 물리적인 권한 체크와 증명의 확보가 불가결해진다. 따라서 그것을 위한 시스템의 대응도 필수 조건이 된다.

④ 성실성 리스크

경영자의 부정이나 종업원의 부정 등 위법 행위가 발생하는 리스크로, 시장에서 회사의 명성이나 신용을 떨어뜨리며 재무상 막대한 손실을 가져다주는 원인이 된다.

정보 누설 등 정규 권한을 가진 이용자에 의한 부정 행위는 정보 시스템에서 가장 규제하기 힘들다. 하지만 경영자가 가장 신경 써야 할 영역이다.

미국의 경우는 이 성실성 리스크를 성악설에 기초해 생각하기도 한다. 그렇다 하더라도 가장 중요한 요점은 사원이 일시적인 충동을 일으키지 못하도록 하는 환경 정비와 그것을 위한 시스템 체계를 구축하는 것이 경영자에게 요구된다는 것이다.

비즈니스 리스크 모델(BRM)

외부 경영 환경 리스크

업무 리스크

권한 리스크

IT 리스크

성실성 리스크

재무 리스크

의사 결정 리스크

⑤ 재무 리스크

재무적인 노출을 충분히 관리할 수 없는 리스크로, 비효율적인 재무 활동으로 실질적인 재정상의 손실이나 기회 손실을 초래한다.

e비즈니스는 모든 거래가 전자적으로 이루어지기 때문에, 이 거래 기록에서 분류 데이터를 직접 만들면 회계 상황을 쉽게 파악할 수 있다. 그 다음은 포지션 관리를 어떻게 하는가에 달려 있다.

⑥ IT 리스크

정보 처리 기술이 효율적으로, 현재 또는 미래의 사업 활동 요구를 충족시킬 수 없는 리스크다.

발생 요인으로는 정보 시스템이 초기에 설계한 대로 운용되지 않은 경우나 정보의 완전성·신뢰성이 확보되지 않은 경우, 정보 시스템이 중요한 자원의 손실이나 횡령의 리스크를 방지하지 않은 경우, 중요한 비즈니스 프로세스의 운용 자체에 지장을 초래한 경우 등을 들 수 있다.

e비즈니스는 업무 대부분이 정보 시스템으로 처리되기 때문에 IT 리스크의 관리가 중요해지는 것은 너무도 당연하다.

특히 인터넷을 이용하기 때문에, 전술한 것처럼 비즈니스의 영역 확대와 속도의 가속화라는 점에서 착안하여 기타 프로세스 리스크를 충분히 고려해 시스템을 구축할 필요가 생긴다.

⑦ 의사 결정 리스크

업무상이나 재무상 또는 전략상 의사 결정을 할 때 적절하게 신뢰할 수 있는 정보를 이용할 수 없는 리스크다.

대부분의 의사 결정은 다양한 분석 결과나 업적, 품질 관리, 시간 관리의 측정 결과 등 현 상황의 인식에 기초하여 이루어진다.

이 현 상황의 인식에 이용하는 측정지표가 부적절할 경우 경영 전략과 모순된 의사 결정, 부적절한 자원 배분, 잘못된 방향으로의 동기부여 등의 결과를 발생시키게 된다.

e비즈니스에서는 의사 결정의 속도도 요구된다. 따라서 e비즈니스의 인프라 구축을 위해 의사 결정 정보의 정확성과 더불어 전달의 즉시성(卽時性)이 요구되며, 경영자에게는 의사 결정의 즉응성(卽應性)이 요구되는 것이다.

2. 정보 시스템 리스크

전항에서 서술했던 비즈니스 리스크 모델의 각종 리스크 중에서 업무 리스크, 재무 리스크, 권한 리스크, IT 리스크, 성실성 리스크를 '프로세스 리스크'라고 한다.

이 프로세스 리스크는 IT 리스크와 기타 4가지 리스크가 밀접하게 연관되며, 그 중심에 IT 리스크가 있다. 또 IT 리스크 자체는 5가지로 분류되는데, 여기에 의사 결정 정보 전달 리스크를 덧붙여 '정보 시스템 리스크'라고 정의하고 있다.

즉, 일반적으로 일컬어지고 있는 정보 시스템을 IT 인프라(하드웨어·소프트웨어, 네트워크)나 IT 기술뿐만 아니라, 시스템을 운용하고 이용하는 사람을 포함하여 정보 시스템으로 파악해 리스크 관리를 한다.

여기서 정보 시스템 리스크의 핵심이 되는 IT 리스크를 좀더 자세히 살펴보기로 하겠다.

이 리스크는 다음의 5가지 리스크 항목으로 분류된다.

① 접속 리스크

이 리스크에는 부적절한 사람이 기밀 정보(데이터 또는 프로그램)에 접속을 허가받거나, 반대로 적절한 사람이 접속을 거부받는 리스크가 포함된다. 이 리스크는 어디에나 있으며 모든 목적 정보가 대상이 된다.

접속 리스크는 인터넷으로 비즈니스를 하는데 가장 크게 인식되고 있는 리스크로, 그 대부분이 외부로부터의 부정 접속만 고려한 것이라고 할 수 있다. 그러나 고객의 식별이나 시스템에의 접속 권한의 인증과 동시에, 사원 등 내부자의 데이터나 프로그램에의 접속에 관해서도 똑같이 신경을 써야 한다.

e비즈니스에서는 지금까지 사람이 참여했던 프로세스를 컴퓨터가 자동적으로 하는 일이 많아짐에 따라 관여하는 사람의 수도 줄어들게 된다. 따라서 지금까지 직무를 분리시킴으로써 견제의 형태로 사람이 담당했던 컨트롤이 저하하게 된다.

그 결과 관리자나 운용자에게 필요 이상의 권한이 집중되어, 경우에 따라서는 내부자가 중요한 정보를 누설하는 경우도 발생한다.

② 적절성 리스크

이 리스크는 적절한 행동을 하기 위한 적절한 데이터와 정보를, 적절한 인물·프로세스·시스템에 적절한 시기에 제공할 수 없는 리스크로, 209쪽의 '비즈니스 리스크 모델' 그림 중 '의사 결정 리스크'와 직접 연관되어 있다.

또 이 리스크는 애플리케이션 시스템이 작성·수집하는 정보의 유효성 및 적시성(適時性)과도 관계되어 있다.

e비즈니스에서는 컴퓨터를 매개로 고객과의 정보 교환이 이루어지기 때문에, 고객의 승낙만 얻으면 구매 이력을 비롯한 다양한 정보를 수집할 수 있다.

e비즈니스에서 활용되고 있는 이런 정보 이용 방법은 시스템 구축시 결정되었던 그대로 재고되지 않는 경우가 있다. 이럴 경우 실질적인 비즈니스 마케팅의 결과와 맞지 않아 시스템 투자의 효과를 얻을 수 없는 경우도 발생하게 된다.

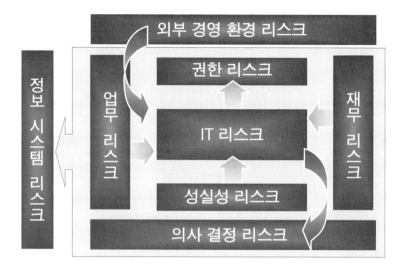

정보 시스템의 리스크 위치

외부 경영 환경 리스크

권한 리스크

업무 리스크

IT 리스크

성실성 리스크

의사 결정 리스크

재무 리스크

정보 시스템 리스크

③ 완전성 리스크

이 리스크는 '정보 시스템의 인프라에 관한 매니지먼트'와 '조직체의 비즈니스 프로세스를 지원하는 애플리케이션 시스템'이라는, 서로 독립적으로 관련을 갖는 영역에서 발생하는 리스크다.

'정보 시스템의 인프라에 관한 매니지먼트'의 영역에서 정보 처리 환경 및 거기서 사용되고 있는 애플리케이션 시스템은, 개발·보수·운용이라는 일련의 정보 시스템 프로세스에 관계되어 있다.

만약 이 프로세스가 유효하고 충분하게 컨트롤되지 않으면 다른 IT 리스크의 근본적인 원인이 되어버린다.

또 '조직체의 비즈니스 프로세스를 지원하는 애플리케이션 시스템'의 영역 중 완전성 리스크는 기업의 다양한 애플리케이션 시스템에서 거래가 인력·처리·집계·보고될 때 승인의 유무, 망라성 및 정확성에 관련되는 모든 리스크를 포함한다.

또 완전성은 프로그램 에러나 처리 에러, 관리 프로세스 에러가 원인이 되어 손상되는 경우도 있다.

e비즈니스에서의 데이터 입력자는 고객이지만, 그 중에는 프로그램 조작이 미숙한 사람도 있다. 따라서 입력된 데이터를 그대로 처리하면 상품이나 수량의 차이 등이 발생해 분쟁을 일으키는 원인이 될 수 있기 때문에, 고객이 입력한 데이터를 확인하는 프로세스도 필요해지는 것이다.

④ 가용성 리스크

이것은 케이블 절단에 의한 통신 불능, 천재(天災)로 인한 기초적인 처리 능력의 상실, 디스크 장해 등 운용상의 문제나 예상 외 데이터량 집중, 또는 시스템 설계상의 미비로 인한 응답의 악화 등 필요할 때 정보를 이용할 수 없는 리스크다.

중요한 업무 및 프로세스를 계속할 수 있느냐 없느냐 하는 특정 정보 시스템의 가용성(可用性)과 관계된다. 만약 중요한 시스템이 허용될 수 없을 만큼 장시간에 걸쳐 기능하지 않으면, 업무를 계속하는 것이 곤란해지는 업무 리스크의 원인도 될 수 있다.

기존의 e비즈니스 중에는 실제로 행해지고 있는 비즈니스 프로를 그대로 사이버 공간에 가지고 들어가 서비스를 구축한 예도 많다. 이와 같은 e비즈니스에서는 시스템이 가동되지 않았을 때, 종종 사람이 대신하는 경우도 예상하고 있다.

그러나 최근에는 전면적으로 업무를 바꾸는 기업이나 e비즈니스만으로 사업을 시작하는 기업이 많아 장해가 발생했을 때의 대

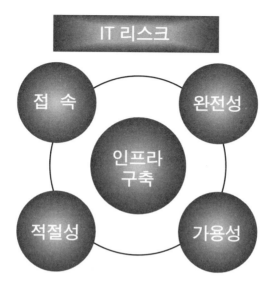

응책이 중요해지고 있다.

컨틴전시 플랜(Contingency plan : 우발적으로 일어날 사건에 대비해 세우는 계획)의 작성이나 정기적인 요원의 훈련을 시키지 않은 기업에서는 시스템의 정지로 많은 손해를 보게 되고, 신용 리스크나 법무 리스크로 확대되는 경우도 생긴다.

⑤ 인프라 구축 리스크

기업이 효율적으로 비용에 비해 효과가 높은 잘 관리된 방법으로, 현재 및 미래의 비즈니스 모델 요구를 유효하게 지원하는 정보 기술의 인프라 구축(하드웨어, 네트워크, 소프트웨어, 인재 및 프로세스)을 갖지 못하는 리스크다.

이 리스크는 정보 처리 환경이나 관련 애플리케이션 시스템의 요건, 개발·보수·운용 방침과 관련하여 발생하며, 또 다른 IT 리스크 항목의 근본적인 원인도 될 수 있다.

때때로 기업은 e비즈니스 시장의 급속한 발전으로 시스템 구축 시 예상외로 많은 거래가 발생하고 있는 것을 인식하지 못하는 경우가 있다. 그 때문에 컴퓨터에 부하(負荷)가 걸려 시스템이 정지되는 사태가 발생하는 것이다.

이것은 당초 시스템화 요건을 정의할 때 시장 예측에 미흡한 점이 있었거나, 평소 운용에서 성과(performance) 관리에도 문제가 있었기 때문에 발생한다. 이 리스크는 결과적으로 가용성 리스크를 발생시키게 된다.

또 시스템 정지의 타이밍에 따라서는 데이터의 완전성에도 문제가 발생할 가능성도 있다. 이와 같이 인프라 구축 리스크는 시스템의 설계화 단계부터 관리할 필요가 있는 리스크이자, 다른 리스크와 밀접하게 얽혀 있는 중요한 리스크 항목이다.

제3절 리스크 관리 방법

IT나 애플리케이션뿐만 아니라 그것을 둘러싼 인간까지 정보 시스템의 하나로 파악하여, 경영을 둘러싼 리스크를 정확하게 분석하고, 그와 관련된 정보 시스템 리스크를 '회피(回避)', '저하(低下)', '전가(轉嫁)'하기 위한 리스크 관리 사이클을 구축한다면, 조직에서 최적의 리스크 관리를 할 수 있다는 것은 이미 앞에서 설명한 바와 같다.

효율적인 정보 시스템의 리스크 관리는 219쪽의 그림 '리스크 관리의 골격'과 같은 6가지 기술층에 대해 상호 관련 있는 4가지 리스크 관리 항목을 실시함으로써 달성할 수 있다.

리스크 관리 항목
- 전략과 정책(Policy)
  정보 시스템 리스크에 대한 경영 전략과 이 전략을 조직적으로 침투시키는 정책, 기준, 가이드 라인, 지침을 가리킨다.

- 관리 체제

  정책을 실행으로 옮기기 위한 체제로, 훈련이나 운영 절차, 보안(Security) 절차 등 프로 액티브(Pro-active)한 프로세스를 말한다.

- 테크놀로지 솔루션과 설계(Architecture)

  중요한 프로세스를 적절히 보호하고 지원하는 기술을 말한다.

- 모니터링(Monitoring)

  정책이 적절히 실시되며 준수되고 있는지, 또 정책 변경이 필요한지 어떤지를 확인하는 사후적인 프로세스를 말한다.

서로 다른 기술층을 정의하며, 정보 시스템을 이용 · 운용하는 각 매니지먼트층에서 조직상의 리스크와 그에 대응한 리스크 관리 방법을 결정함으로써, 정보 시스템에 대한 리스크 관리의 골격은 비즈니스와 정보 기술 환경의 각종 프로세스에도 대응할 수 있는 공통된 지표를 제공해준다.

리스크 관리의 골격(Frame-work)

관리 체제

전략과 정책

테크놀로지 · 솔루션과 설계

모니터링

프로세스
(Process)

애플리케이션
(Application)

데이터 매니지먼트
(Data Management)

플랫폼
(Flatform)

네트워크
(Network)

물리층(physical)

제4절 리스크 관리의 평가

리스크 관리는 우선 리스크 사이클을 구축한 다음 효과적으로 순환시킴으로써 관리된다.

e비즈니스에서는 기업을 둘러싼 환경이 엄청난 속도로 변화한다. 따라서 리스크 관리의 평가도 이 사업 환경의 변화에 대응하여 더 짧은 기간 안에 실시할 필요가 있다.

리스크 관리 프로세스나 리스크 관리 사이클이 정보 시스템을 이용하는 각 계층마다 효과적으로 기능하고 있는지, 계층간에 그런 정합성에 어긋남이 발생하지 않았는지 확인하기 위해 리스크 관리의 평가가 필요하다.

또한 리스크 관리의 본래 모습에 더욱 다가가기 위한 현 상황의 분석과 개선을 위해 리스크 관리의 평가가 필요하다.

리스크 관리 프로세스의 평가

'리스크 관리 프로세스의 평가'란, 리스크 자체가 도출하는 프로세스를 비롯한 리스크 관리 프로세스 자체의 실태를 조사하고, 그 성숙도를 평가하는 것이다.

리스크 관리 프로세스를 평가하기 위해서는 정보 시스템을 이용하는 각 계층의 관리 사이클을 개별적으로 평가하는 것뿐만 아니라, 계층간의 관리 사이클도 평가해야 한다.

실제 평가에서는, 가장 바람직한 관리 프로세스(Best Practice)에 대해 현재 어떤 상태에 있는지 그 차이를 분석한 다음, 관리 프로세스의 성숙도를 명확화 하는 것이 중요하다.

완전히 성숙한 관리 프로세스에서는 플랜 투 첵 액션(Plan-to-Check-Action)의 데밍 사이클이 자동적으로 순환하게 된다. 이런 상태에서 비로소 관리 프로세스가 최적화 된다고 할 수 있다.

① 현상과 인식 차이의 분석·평가

매니지먼트의 각 층에서 리스크 관리에 대한 인식과 현상에는 어느 정도의 차이(현상적인 측면, 현실적인 측면)가 존재하는지 명확히 한다.

이와 같이 차이를 인식함으로써 현재 행해지고 있는 리스크 관리에는 어떤 문제가 있는지 정확히 이해할 수 있게 된다. 또한 이런 문제를 해결하기 위한 개선 과제의 설정도 용이해진다.

② 성숙도의 평가

개별 매니지먼트층의 관리 프로세스와 매니지먼트층 간의 관리 프로세스의 현상을 평가한다. 이로써 리스크에 대한 각 부문간의 차이가 분명해지기 때문에, 도출된 결과를 토대로 개선을 위한 대처를 하여 전회사 차원에서 리스크 관리의 품질을 균일하게 유지

성숙도 모델

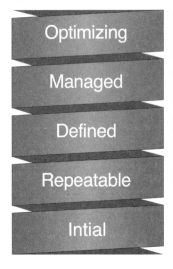

Managed：문제점을 파악할 수 있으며 그 개선 방법도 명확화 되어, 문서에 반영·관리되고 있는 상태

Optimizing：매니지먼트 사이클이 자동적으로 순환하고 있는 최적화된 관리 상태

Defined：문제점은 파악할 수 있지만, 문서상에서 관리되지 않아, 대응 태세 관리 체제가 정비되어 있지 않은 상태

Repeatable：문제점을 파악힐 수 없어시, 경험적으로 업무 수행이 가능한 상태

Initial：우선 업무를 수행하고 있는 상태

현상과 인식의 차이

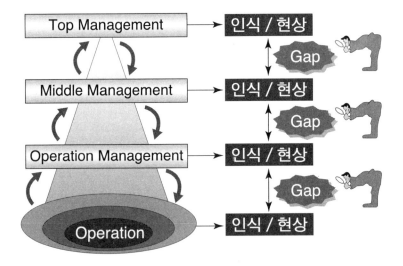

할 수 있게 된다.

또한 각 매니지먼트층에서의 리스크 관리의 실효성과 준거성(準據性)도 평가할 수 있다. 즉 성숙도를 평가·정의함으로써 다음 단계로 나아가기 위해서는 어떤 일을 해야 하는지 지침도 명확해지는 것이다.

운영(Operational) 리스크 컨트롤의 평가

① 정보 시스템의 인프라 구축 평가

정보 시스템을 구축하는 인프라 구축(하드웨어, 소프트웨어, 네트워크, 데이터, 관련 설비, 요원, 관리 프로세스 등)에 관련되는 영역을 대상으로 기능 특성의 확보와 유지라는 측면에서 평가해 나아간다.

② 애플리케이션 컨트롤의 평가

기업 활동을 지원하는 회계 시스템, 판매·구매·재고·정산·재무 등의 애플리케이션 시스템 및 경영상의 판단에 영향을 미치는 애플리케이션 시스템을 대상으로, 각 업무 프로세스에서의 업무 활동 유지와 계속이라는 측면에서 시스템에 포함되어야 할 각종 컨트롤 기능이나 업무 처리 절차의 타당성, 유효성을 평가할 필요가 있다.

평가할 때는 '사람', 'IT', '업무 프로세스'의 3가지 관점에서 컨트롤을 분석해 그 결함을 명확히 한 다음, 최적의 IT, 업무 프로세스의 개선, 정보 시스템에서의 컨트롤 기능 등을 설정한다.

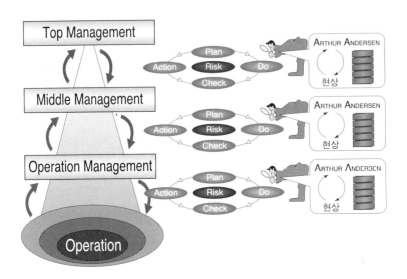

제5절 리스크 관리 서비스 'eSure'

아더앤더슨에서는 e비즈니스에 초점을 맞춘 정보 시스템 리스크 관리 서비스 'eSure'를 제공하고 있다. 특히 아더앤더슨 일본 지사의 견고한 멤버(Member Firm)인 아사히(朝日)감사법인에서는 이것을 토대로 일본 시장을 위해 'eSure.jp'를 개발했다.

'eSure.jp'는 'eRisk', 'eReady', 'eSecure', 'eMeasure'라는 4가지 서비스 메뉴로 구성되어 있으며, e비즈니스를 하는 기업의 리스크를 다양한 관점에서 평가하여 개선책을 제안하고 있다.

이런 서비스는 e비즈니스로의 사업 전개를 계획하고 있는 기업의 시스템화 계획의 방향성이나, 실제로 준비 단계에 들어간 기업에게 그 업무 설계와 시스템 설계의 정합성(整合性) 문제를 비롯해 e비즈니스를 개시하기까지 간과되기 쉬운 리스크를 발견하여, 기업이 더욱 원활하게 e비즈니스를 개시할 수 있도록 지원하는 것이다.

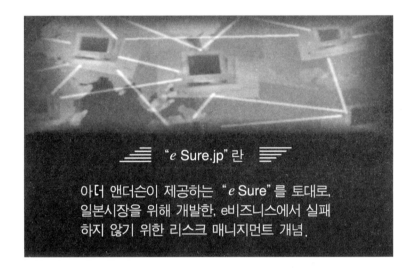

"e Sure.jp"란

아더 앤더슨이 제공하는 "e Sure"를 토대로,
일본시장을 위해 개발한, e비즈니스에서 실패
하지 않기 위한 리스크 매니지먼트 개념.

또 이미 e비즈니스를 시행하고 있는 기업에게도 더욱 안전하게
e비즈니스를 할 수 있도록 현실적으로 드러난 리스크를 분석하여
운영 체제나 인간계 컨트롤 같은 시스템 이외의 리스크에서부터
보안이나 시스템의 신뢰성 같은 시스템 특유의 리스크에 이르기까
지 전반적인 리스크를 저하시킬 수 있다.

'eSure.jp'는 아더앤더슨이 이전부터 'eSure' 서비스에서 개발해
왔던 노하우를 넘겨받았기 때문에, e비즈니스에 한 걸음 더 앞서
있는 미국이나 유럽에서 수많은 서비스를 했던 경험을 활용하고
있는 것이다.

eRisk

e비즈니스로의 진출을 결정하는 판단에서부터 해당 사업의 비

즈니스 골격과 네트워크 환경에서의 시장과의 적합성, 상정되는 사업처리 프로그램까지 고려한 업무 계획 단계에서의 평가 및 조언(advice).

eReady

e비즈니스로 진출할 때의 백 오피스(back-office)를 비롯한 업무 설계 및 시스템화 계획·설계 등 업무 설계 단계에서의 평가 및 조언.

eSecure

e비즈니스를 안정하게 운용하기 위한 조직 체제, 내부 통제, 시스템 보안 등 업무 운용 체제의 평가 및 조언.

eMeasure

e비즈니스의 운용 상황을 모니터링하기 위한 기준인 업무 평가 기준에 대한 평가 및 조언.

제 5장

e 비즈니스에 관련된 세무와 법무

▼

▼

▼

경영 조직 형태는 테크놀로지나 네트워크 발전의 적극적인 이용으로 비교적 단순하게 유지할 가능성이 있다. 하지만 법률 조직 형태는 세금 비용의 절감이나 사업상의 법적인 리스크 대책 등을 세워야 하기 때문에 단순하게 유지할 수 없고 오히려 더 복잡해진다. 따라서 경영 조직 형태와 법률 조직 형태의 차이를 명확히 의식하면서 각각을 관리할 수 있는 비즈니스 모델을 수립해 실행할 필요가 있다. 또 e비즈니스 시장에서 성공하려면 비용 전략의 일환으로서의 글로벌 세무 관리가 중요하다.

제1절 *e* 비즈니스에 관련된 세무

1. *e*비즈니스가 비즈니스 조직에 미치는 영향

일반적으로 세무 문제를 검토할 때 일정한 비즈니스 현장에는 누가 참가하며, 어떤 거래가 이루어지는지 명확히 한다. 그리고 나서 유형 자산·무형 자산·자금·인적 자원·직무라는 각 경영 자원의 흐름에 대해 과세가 되는지 아닌지, 과세가 된다면 어떻게 과세되는지 검토할 필요가 있다. 이런 프로세스는 e비즈니스에서도 마찬가지다.

e비즈니스에 관한 세무 문제를 고려하는 전 단계로 우선 e비즈니스가 사업의 조직 형태(Structure)에 어느 정도의 영향을 미치는지, 그 경영적인 측면에 입각한 '경영 조직 형태(Management Structure)'와 법적인 측면에 입각한 '법률 조직 형태(Legal Structure)'

라는 두 가지 측면에서 고찰해 보자.

사업이 지리적으로 확대되면 경영 조직 형태는 테크놀로지나 네트워크 발전의 적극적인 이용으로 비교적 단순하게 유지할 가능성이 있다.

하지만 법률 조직 형태는 세금 비용의 절감이나 사업상의 법적인 리스크 대책 등을 세워야 하기 때문에 단순하게 유지할 수 없고 오히려 더 복잡해질 수도 있다.

따라서 제도 회계와는 별도로 업적 평가 회계를 하는 것처럼, 경영 조직 형태와 법률 조직 형대의 치이를 명확히 의식하면서 각각을 관리할 수 있는 비즈니스 모델을 수립해 실행할 필요가 있다.

또 e비즈니스는 더욱 경쟁적인 시장을 창출하기 때문에, e비즈니스 시장에서 성공하려면 비용 전략의 일환으로서의 글로벌 세무 관리가 중요하다는 것도 잊어서는 안 된다.

이것을 가능케 하려면 경영 조직 형태에 얽매이지 말고 법률 조직 형태를 유연하게 검토할 수 있어야 한다.

e비즈니스가 비즈니스 조직 형태에 미치는 영향

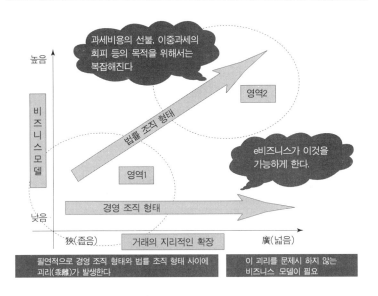

높음

비즈니스모델

과세비용의 선불, 이중과세의 회피 등의 목적을 위해서는 복잡해진다

영역2

법률 조직 형태

영역1

e비즈니스가 이것을 가능하게 한다.

경영 조직 형태

낮음

狹(좁음)　거래의 지리적인 확장　廣(넓음)

필연적으로 경영 조직 형태와 법률 조직 형태 사이에 괴리(乖離)가 발생한다

이 괴리를 문제시 하지 않는 비즈니스 모델이 필요

일반적인 경향으로서

영역1-국내 e비즈니스 → 영역2-글로벌 e비즈니스

비교적 차이가 나기 어렵다	세금 비용 절감	관리 체제에 따라 상당한 차이가 생길 가능성이 있다
비교적 용이	세금 비용 관리	수비 범위가 넓어서 가동(稼動)이 걸린다
법인세, 소득세, 소비세 외	Full Compliance	망라성의 검증이 중요→비용 대 효과의 관점에서 단념이 필요
국내 세법상의 요청을 중심으로 검토하면 된다	문서화 대응	각국을 커버하기 때문에 가동이 걸린다

사업상 반드시 생기는 비용의 하나인 세금을 전체적으로 절감함으로써, 사업 비용면에서 세계 각국의 동업종 타사에 대해 경쟁 우위를 안정적으로 확보함

글로벌 세무 관리가 중요해진다

1.비용 경쟁력을 높인다
· Operation 전체에서 세금 비용을 최소화함으로써 현금 흐름(Free Cash Flow)을 최대화한다.

2. 비용 경쟁력을 안정화한다
· 세무 리스크 관리 체제를 확립함

2. 국경을 초월한 *e*비즈니스와 세무상의 문제

기존의 비즈니스와 비교했을 때 e비즈니스의 특징 중 하나는, 무국경(borderless, 無國境) 인터넷을 이용해 전개되기 때문에, 비교적 용이하게 국경을 초월하여 확대할 수 있다는 점이다.

또 앞으로는 커뮤니케이션 관련 비용의 비중이 상대적으로 저하되기 때문에, 사업을 구성하는 각종 기능(고객과의 관계뿐만 아니라 경영 자원의 조달이나 프로세싱 등의 기능)이 지리적으로 한곳에 집중되는 것은, 사업 비용면에서 볼 때 반드시 최적이라고는 할 수 없게 될 가능성이 크다.

예를 들어, 고객이 네트워크상에서 데이터를 다운로드하고, 그 대가를 전자적인 지불 수단으로 결제해 거래가 완결되는 콘텐츠 다운로드 서비스 같은 비즈니스는 무국경화가 급격히 진행될 가능성이 있다.

또 기존에는 정보를 매매할 때 CD나 레코드, 신문이나 잡지 등 눈으로 볼 수 있는 형태의 '상품'을 매체로 거래했지만, 음악의 데이터 다운로드에서 볼 수 있듯이 인터넷을 이용하면 '상품'을 매체로 하지 않고도 거래할 수 있게 된다.

이와 같은 국경을 초월한 거래는 세무적으로는 업무 제공이나 라이선스 제공 같은 '소득의 종류' 문제, 어느 나라에 과세권이 있는지를 판정할 때의 '영구적 시설'의 문제, 조세 회피를 방지할 목적으로 설계된 각국의 세제(稅制)에 의한 잠재적인 과세 리스크, 그리고 거래 자체를 사후적으로 추적할 수 있도록 과세 당국이 납세 의무자에게 문서 보존을 요구하는 것까지 아주 다양한 문제를 포함하고 있다.

국제 세무상의 논점

e비즈니스에 대한 국제적인 세무 문제는 각 나라의 정부나 OECD에서 현재 활발하게 논의되고 있는 점이다. 그런데 한 가지 대원칙으로 합의된 사고 방식은 당면한 기존의 과세 방법을 가능한 한 e비즈니스에도 적용한다는 것이다.

그럼, 기존의 세제를 e비즈니스에 적용할 때 어떤 문제가 발생할까? 다음의 7가지 항목으로 검토해 보자.

(1) 소득의 종류

국제 과세에서는 비즈니스로 획득된 소득이 ① 유형 자산(물건)의 대가인가?, ② 업무 제공(서비스)의 대상인가?, ③ 무형 자산의 사용료(로열티)인가? 라는 '소득의 종류'를 판정하는 것이 매우 중요하다.

왜냐하면 이것이 적용되는 과세 방법을 결정하는데 소득 원천지의 판정, 합산 과세의 유무 판정, 외국 세액 공제의 정도, 원천세의 징수 등에도 영향을 미치기 때문이다.

① 물건의 대가 : '사업 소득'(사업을 하는 일정 장소 — '영구적 시설' — 이 있을 경우, 그 장소가 소재하는 나라에 과세권이 발생하는 소득)으로 분류된다.
② 서비스의 대가 : '사업 소득'으로 분류된다. 물건의 대가와 비

기존 세제하에서 국경을 초월한 e비즈니스(영역2)에 관련된 세무상의 문제

1. 소득 종류 및 소득의 원천지 판정 문제
> 물건의 대가? 업무 수입? 사용료?

2. 사업 소득(물건의 대가 및 업무 수입)에 과세되는 세금
> 거기서 과세의 계기가 되는 것은 있는가?
> 사업 장소(영구적 시설)가 없으면 사업 소득 과세는 없다
> 서버가 있으면 그만큼 과세되는가?
> ISP로 계약했다면 그만큼 과세되는가?

3. 사용료 소득 등에 과세되는 세금
> 거래처에서 지불할 때 세금이 원천징수 된다
> 소득원천지의 판정이 중요해진다

4. 합산 과세. 이전(移轉) 가격 세제 등의 적용이 있는가?
> 세금 계산상 그룹 회사간에 소득을 재배분하거나
> 과세 연기에 제한을 두는 규칙

5. 간접세의 과세 관계
> 과세 대상의 거래 패턴?

교하여, 어느 나라에 원천이 있는 소득인지를 판단하기 곤란한 경우가 있다.

③ 로열티 : 무형 자산의 사용지 나라 또는 로열티 지불 채무를 지는 사람의 주거지 나라로 원천징수로 과세된다.

또 과세되어야 할 사업 소득을 산정할 때의 비용 산정 방법도 소득의 종류가 물건의 대가인지 서비스의 대가인지에 따라 다르다.

(2) 과세국의 결정
국제 세무에서는 어떤 비즈니스에 의한 소득을 어느 나라가 과

세하는가? 즉, 어느 나라가 과세권을 갖는가를 결정하는 기준이 상당히 중요하다.

이와 같은 과세권 결정의 계기는 일본이 체결하고 있는 조세조약에서는 '영구적 시설'이라고 불리며, '사업 소득'의 과세 계기가 되는 것이다. 이와 같은 영구적 시설의 인정은 e비즈니스에서는 다음과 같은 문제로 제기된다.

- e비즈니스를 하는 현지의 ISP(Internet Service Provider)를 통해 웹사이트를 개설하고 있는 경우, 그 사이트 자체가 영구적 시설이 되는가?
- 접속 서버나 콘텐츠 서버를 현지에 자체적으로 설치하고 있는 경우, 이것이 영구적 시설이 되는가?
- 호스팅 서비스(Hosting Service)를 하는 ISP 자체가 영구적 시설이 되는가?

이러한 의문에 대해 OECD에서 사업 소득의 과세 관계를 검토하고 있는 e비즈니스의 기술적인 조언을 하는(Technical advisory) 그룹 중 하나는 'e비즈니스를 하는 사람이 자영 서버를 영구적으로 현지에 설치하고 있는 경우만 제외하고, 어느 경우에나 다 영구적 시설이 되지는 않는다'라고 발표하고 있다.

(3) 합산 과세 규칙

합산 과세란, 일본의 '국내 법인의 특정 외국 자회사에 관련된 소득 과세의 특례', 이른바 'Tax Heaven(과세없는 지역이나 국가) 세제'와 같은 사고 방식에 기초하는 세제다.

e비즈니스에서는 기존의 비즈니스보다 더 쉽게 소득을 경과세국으로 옮길 수 있는 가능성이 있다. 그래서 이와 같은 경우에 일본이 경과세국에서 배당 받는 것을 기다리지 않고, 해외에서 유보된 소득이라도 일정한 요건과 합치되면 소득 발생 단계에서 과세하려는 것이 여기서 말하는 합산 과세 규칙이다.

e비즈니스가 과세 비용면에서 글로벌 경쟁력을 지키기 위해서는, 이와 같은 규칙에 저촉되지 않는 범위에서 경과세국에 소득을 집중시켜 과세를 연기하는 것도 경쟁상 필요해질 것이다.

(4) 이전 가격(移轉價格)

관계 회사간에 거래가 이루어질 경우, 제3자와의 사이에 일반적으로 합의되는 가격과 차이가 나는 가격이나 거래 조건(移轉價格)을 받아들임으로써, 그 거래 당사자들간에 과세 소득이 이전되었다고 여기는 경우가 있다.

각 나라의 과세 당국이 자국에서 해외로 세수가 유출되는 것을 막는 것은 당연한 일이지만, e비즈니스에서는 '소득을 벌어들이는 기능이 어디서 이루어졌나'하는 기능 분석도 어렵기 때문에 좀처럼 결론이 나오지 않는다는 점도 충분히 생각할 수 있다.

e비즈니스를 하는 당사자는 이전 가격의 의문이 제기되었을 때 신속하게 대응할 수 있도록 필요한 정보를 문서화하여 준비해 둘 필요가 있다.

(5) 원천징수

일정한 종류의 소득에 대해서는 지불시에 지불자측에서의 원천징수로 과세된다. 또 e비즈니스에서는 원천징수 의무자가 누구인

가라는 의문이 생기는 경우도 있다.

원천징수는 현금 흐름(Cash Flow)에 영향을 주는데, 이 영향을 받고 어떻게 이중과세(같은 소득에 대해 여러 나라가 과세하는 것)를 막는가라는 문제도 중요해진다.

(6) 관세

물리적으로 물건이 수입 통관될 경우에는 e비즈니스라도 일반적인 수입과 똑같은 관세가 부과된다. 그러나 네트워크를 통해 콘텐츠 등이 다운로드 될 경우에는 관세를 부과하지 않는다고 WTO(세계무역기구)에서 합의했다.

(7) 부가가치세

현재 합의된 부가가치세의 과세 원칙은 다음과 같다.

① 현재의 세제를 적용하고, 새로운 과세 제도는 도입하지 않는다.

② 네트워크를 통한 디지털 콘텐츠의 다운로드는 업무 제공으로 취급한다.

③ 과세를 할 수 있는 것은 소비 장소에서다.

④ 단계 과세의 요건인 청구서를 전자화하여 전자문서로 한다.

⑤ 신고 납세 절차가 효율적이어서 대응 비용이 들지 않는다는 점이다.

일반적으로 세수에서 차지하는 부가가치세 비율은 높은 편이다. 그럼에도 이상의 원칙에 따라 활발히 논의하고 있는 EU 국가들은 세율이 20% 안팎이나 된다.

따라서 부가가치세가 e비즈니스에 미치는 영향을 절대 무시할 수 없기 때문에 앞으로의 진전을 지켜볼 필요가 있다.

e비즈니스 세무를 둘러싼 세계 동향

'국경을 초월한 e비즈니스와 세무상의 문제'에서 서술한 다양한 문제가 내재하는 e비즈니스 세무에 관해서는 현재까지도 국제적으로 다양한 논의가 이루어지고 있다.

예를 들어, e비즈니스에 대응한 새로운 세금의 도입 여부에 대한 논의가 있으며, 유럽에서는 'Bit Tax'라는 것도 제기된 적이 있다. 이것은 인터넷 접속을 계기로 과세하려는 것으로, 아직까지는 시안의 범위를 넘지 않았다. OECD가 1997년, 1998년에 개최한 회의에서 합의한 점은 다음과 같다.

- 참가국이 공통된 접근 자세를 취한다.
- Bit Tax는 도입하지 않는다.
- 당분간 기존의 국제 과세 원칙을 적용한다.
- e비즈니스에서 과세 관계는 중립이다.
- 부가가치세 등의 간접세는 제조하는 장소가 아니라 소비되는 장소에서 과세한다.

이런 합의 내용은 기존의 국제적인 동의(Consensus)를 확인하는 것이며, 실제 과세 국면에 관한 구체성은 아직 미흡하다. 그런 점에서 미국은 OECD보다 한 발 앞선 대응 자세를 취하고 있다.

미국은 연방정부 뿐만 아니라 각 주가 과세권을 행사하기 때문에, 주(州)에서 이루어지는 거래에서도 '소득의 종류'나 '과세권' 문제가 발생한다.

예를 들어, 주세(州稅)의 하나인 매출세는 '상품'의 판매에 과세되며, '서비스'의 제공은 보통 비과세 취급을 받는다. 따라서 주세(州稅)의 관점에서도 e비즈니스에서의 '소득의 종류'를 판정하는 것은 중요한 문제가 된다.

미국은 이런 세무상의 문제가 e비즈니스의 발전을 저해하지 않도록 'Internet TaxFreedom Act'라는 임시법을 제정(2001년 10월까지 유효)해, 인터넷 접속 및 인터넷을 통한 주(州)거래 전반에 대해 주세(州稅)·연방세(連邦稅)를 면제하고 있다.

임시법의 유효 기간 이후에는 다시 과세권 등의 문제가 발생하지만, 최근의 판례에서 통신 판매의 과세권 결정에 대해 '비즈니스 환경을 갖춘 주(州), 즉 소비자가 소재 하는 주(州)에 과세권이 있다'는 새로운 방안이 제시되었기 때문에(이런 새로운 판례에 따라 '통신 판매의 과세권은 공급자가 물리적으로 존재하는 주(州)에 있다'는 기존의 판례를 번복시켰다) e비즈니스에도 똑같이 적용될지도 모른다.

다만 급속한 e비즈니스의 확대가 미국 경제 전체를 견인하고 있는 점도 있기 때문에, 이런 임시법에 의한 면세 기간은 연장될 가능성도 높다.

한편 국제간의 면세 문제를 대상으로 한 논의로는, 1996년 11월에 미 재무성이 발표한 백서(Selected Tax Policy Implications of Global Electronic Commerce)가 있다.

이 백서에서는 e비즈니스와 기존 비즈니스를 과세상 똑같이 취급하기 때문에(중립성의 원칙), 예를 들어 과세권의 결정은 '물건이냐 서비스냐'라는 개별 거래 형태에 따르지 않고, 항상 공급자의 거주 지역에 과세권이 있다는 규칙이 바람직하다고 시사하고 있다.

이런 아이디어에서 우리는 인터넷 같은 장치의 신규성에 얽매이지 않는, 단순하고 이해하기 쉬운 과세 규칙을 만들려는 미국의 자세를 엿볼 수 있다.

그러나 현실 세계에서는 정보의 발신자 대부분이 미국 같은 선진국에 존재하고 있기 때문에, 이런 규칙은 개발도상국에게 불리하게 작용된다. 따라서 개발도상국들이 반대할 것으로 예상된다.

이상의 논의를 통해 합의되고 있는 원칙은 다음과 같다.

- e비즈니스와 기존의 비즈니스는 과세상 서로 다른 대우를 받아서는 안 된다.
- 과세 관계가 명확하고 간결하다.
- 실효성이 있다.
- 신고 납세 절차가 효율적이라서 대응 비용이 들지 않는다.
- 웹사이트나 인터넷 서비스 제공업체를 '영구적 시설'로 인정하는 것은 바람직하지 않다.

3. *e*비즈니스의 세무 설계

지금까지 검토해 온 *e*비즈니스에서의 세무상 논점을 염두에 두고, 기업은 어떤 세무 설계로 대응할 수 있는지 생각해보자.

e비즈니스에서의 경영 자원의 흐름 파악

e비즈니스의 세무 설계에서는 우선 그 비즈니스에는 누가 참가하며, 어떤 거래가 이루어지고 있는지를 명확히 할 필요가 있다.

이것은 거래 대상이 되는 품목, 거래 당사자, 거래 나라 등에 따라 각종 세목의 과세 관계가 다르기 때문이다.

경영 자원의 흐름을 파악하려면 우선 e비즈니스의 참가자, 즉 각국에서 납세 의무자가 될 수 있는 회사나 개인(여기에 등장하는 참가자는 납세 의무를 부담하는 주체가 될 수 있는 자로, '자연인'과 '법인'이 포함된다. 나라에 따라 법인 개념이 다르기 때문에 조합과 같은 일본의 법인 세법상에서는 납세 의무자가 되지 않는 주체, 파트너십 등도 표시한다)을 명확히 하는 것에서부터 시작된다.

이런 참가자들 사이에 존재하는 자본 관계, 물건과 서비스의 흐름, 대금이나 로열티 지불의 흐름을 244쪽 'e비즈니스에서의 세무 설계 사례' 그림과 같이 기호나 화살표로 간결하게 기술한다.

이때 과세 관계를 발생시킬 가능성이 있는 경영 자원의 흐름, 각 흐름에 관련되는 과세 관계, 또 세무 설계의 핵심 등을 명확하게 그릴 수 있도록 작성하는 것이 중요하다.

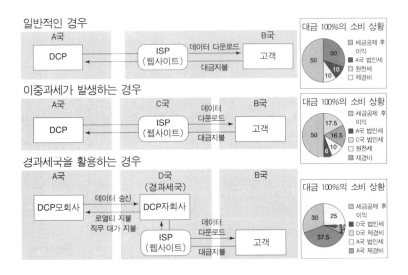

e비즈니스에서의 세무 설계(Tax Planning) 사례

이 경영 자원 흐름도의 작성은 나중에 소개할 '글로벌 세무 관리'
처럼, 더 넓은 관점에서 회사의 세무 관리를 종합적으로 설계할 때
에도 중요한 첫 단계가 된다.

사례 연구

그럼 실제로 흐름도를 사용하여 세무 설계의 간단한 사례를 소
개하겠다.

여기서는 어느 디지털 콘텐츠 메이커가 해외 고객에게 그 상품
을 판매할 때, ① 일반적인 비즈니스 형태로 판매하는 경우, ② 이
중과세가 생기는 경우, ③ 경과세국을 경유하는 세무 설계를 실행

하는 경우의 3가지를 비교한다.

왼쪽의 그림에서 오른쪽 가장자리에 있는 3개의 그래프는 각각의 경우에서 그 비즈니스의 성과 = 소득이 각국에서 어떻게 과세되며, 그 결과로 어느 정도의 현금(세금 공제 후의 이익)이 회사에 남는지를 나타낸 것이다.

그래프에서 알 수 있듯 일반적인 경우에는 최종적으로 30%의 현금이 남는 비즈니스가 이중과세라는 세무 리스크를 부담함으로써 16.5%로 감소하고, 그 반대로 경과세국을 경유하는 경우에는 37.5%로 증가하고 있다.

그럼, 왜 이런 상황이 발생하는 걸까? 각 경우의 과세 관계를 간단히 살펴보자(전제로서 법인세의 실효세율을 A국 40%, B국 30%, C국 50%, D국(경과세국) 10%로 가정한다. 또, B국에서의 원천세의 세율은 10%로 가정한다).

① 일반적인 경우

이런 경우는 디지털 콘텐츠의 제조회사인 DCP사가 B국의 ISP(Internet Service Provider)가 관리하는 웹사이트를 경유하여 고객에게 콘텐츠를 판매하고 있다(고객은 대금의 100%를 지불하고 있다).

앞에서 서술한 바와 같이 이 대금은 세무상 소득의 종류를 어떻게 판정하는가가 문제가 된다. 가령 이 소득을 거래 계약 내용에 따라 B국에서 '로열티'로 인식했다고 하자.

이런 경우 로열티의 지불에 대해 B국에서 원천세가 과세된다. 그렇지만 A국에서 외국 세액 공제 제도를 이용해 이중과세를 회피할 수 있어 A국에서 납세하는 A국 법인세는 감소한다.

그 결과 DCP사의 수중에 남는 현금은 고객이 납세한 지불 대금 100% 중 비즈니스에서 발생한 제경비 50%, 원천세 10%, A국 법인세 10%를 뺀 30%가 된다.

② 이중과세가 발생하는 경우

이런 경우에는 A국의 DCP사가 C국에 소재하는 ISP가 관리하는 웹사이트를 경유하여 B국의 고객에게 디지털 콘텐츠를 판매하고 있다.

이중과세가 발생하는 것은 C국에서 ISP나 ISP가 관리하는 웹사이트, 또는 서버가 '영구적 시설'로 인정받는데 기인한다. 즉, 제3자인 ISP나 ISP가 관리하는 웹사이트, 인터넷 서버가 C국에서 '영구적 시설'로 인정되는지 아닌지는 DCP사와 ISP 사이의 계약 내용이나 DCP사 자체의 서버 관리 상황 등에 의해 좌우된다.

이 결과 C국에서 과세되는 법인세는 A국의 외국 세액 공제 제도를 이용해 A국 법인 세액에서 공제할 수 있다. 그러나 공제할 수 있는 금액에는 한도액이 정해져 있기 때문에, 이런 경우와 같은 실효세율의 차이로 인해(C국의 세율은 A국보다 높다), '① 일반적인 경우'와 마찬가지로 고객이 지불하는 대금이 B국에서 로열티로 판정되면 원천세가 과세된다.

이 원천세에 대해서도 A국에서 외국 세액 공제 제도를 이용하는 것을 생각할 수 있다. 그러나 앞의 C국에서의 과세와 겹쳐서 다시 공제할 수 없는 금액이 발생하게 된다.

이런 사례에는 비즈니스상의 제경비 50% 외에, B국의 원천세 10%, C국의 법인세 17.5%, A국의 법인세 6% ─ C국에서의 인정과세상, 매출 50%, 경비 15%가 영구적 시설에 귀속한다고 판정된 것으로 합산한다. 또 A국에서의 외국 세액 공제 한도액은 14%(C국의 소득인 35에 A국 세율을 곱한 금액)가 되기 때문에, A국의 법인세로 6%을 납부하게 된다 — 가 비용으로 발생하게 되어, 결과적으로 DCP사의 수중에는 16.5%의 현금밖에 남지 않게 된다.

실무상, B국의 원천세를 C국의 법인세에서 공제할 수 있는지 없는지가 문제가 될 가능성이 있다. 그런데 OECD 가맹국 대부분은 공제할 수 없는 것으로 취급하고 있다. 가령 전액 공제를 할 수 있다고 여겨졌을 경우에도 DCP사의 현금은 26.5%가 되어 ①의 경우보다 감소한다.

③ 경과세국을 경유하는 경우

이런 경우에 DCP사는 경과세국(Tax Heaven)인 D국에 자회사를 설립해, D국에 소재하는 ISP의 웹사이트를 경유하여 B국의 고객에게 상품을 판매하고 있다.

이런 비즈니스 모델은 DCP 모회사가 디지털 콘텐츠의 개발이나 광고 선전을 하고, DCP 자회사가 실제 판매 사무 등을 담당한다.

자회사는 모회사에서 디지털 콘텐츠의 다운로드를 받는 대가로 로열티나 업무(개발, 광고)의 대가로 일정 금액을 지불하는데, 고객이 지불하는 대금은 전액을 받는다.

이런 경우 자회사와 B국 고객과의 거래 계약 내용에 따라 B국에서 고객이 지불하는 대금은 로열티가 아니라 '사업 소득'으로 판정되었다고 할 수 있다.

앞에서 서술한 바와 같이 '사업 소득'으로 판정되었을 경우에는 B국에 의한 원천징수는 발생하지 않으며, DCP사는 B국에는 영구적 시설을 갖지 않기 때문에 이 비즈니스에서의 과세 관계는 기본적으로는 경과세국인 D국의 법인세, 또 A국의 로열티와 업무 대가에 대한 법인세로 종료된다.

가령, 비즈니스상의 제경비로 모회사(A국) 30%, 자회사(D국) 25%를 부담한다고 가정(자회사 설립 비용으로 ①②보다 제경비를 5% 더 설정)해 보자.

자회사가 지불하는 로열티에는 원천세가 부과되는데, 이때 외국 세액 공제 제도를 이용해 A국 법인세를 전액 공제할 수 있게 했다. 이처럼 몇 가지 전제를 두고 계산하면, 최종적으로 DCP 그룹(모회사와 자회사)의 수중에 남는 현금은 37.5%가 되며, ①이나 ②에 비해 증가한다는 것을 알 수 있다.

단, 이런 경우에 주의해야 할 것은 앞에서 서술한 Tax Heaven 대책으로 마련했던 합산 과세 규칙과 이전 가격 세제에 의한 과세 리스크다.

이 두 가지 리스크를 회피하기 위해서는 합산 과세 규칙상의 적용 제외 조건을 충족시키는 것이나, 자회사에서 받는 로열티나 업무 대가를 적절한 수준으로 설정할 필요가 있을 것이다.

이상의 사례 연구에서 세무 설계 여하에 따라 수중에 남는 최종적인 현금에 큰 차이가 발생할 수 있다는 것을 이해할 수 있다.

실제로 기업이 이런 세무 설계를 할 경우에는 각국의 과세 리스크 회피나 세무 비용 절감이라는 세무의 관점뿐만 아니라, 기타 다양한 경영상의 문제를 종합적으로 감안한 다음 실행 가능한 비즈니스 모델을 작성하고 설계하게 된다. 이어서 구체적인 설계 방안으로 '글로벌 세무 관리'를 검토하겠다.

4. '글로벌 세무 관리'의 필요성

비용면에서의 경쟁 우위는 비즈니스를 성공시키기 위한 중요한 요소이다. 따라서 e비즈니스에서도 소싱(sourcing)부터 프로세싱(processing)을 거쳐 마케팅에 이르는 비즈니스상의 각 기능에 대해 더 높은 비용 경쟁력을 위해 국경없이 사업을 전개하게 된다.

여기서 필요한 것이 바로 '글로벌 세무 관리'(GTM : Global Tax Minimization)의 관점이다.

GTM이란, 사업을 할 때 발생하는 비용인 세금을 글로벌 수준으로 절감함으로써, 세계의 각 경쟁사보다 비용면에서 안정적인 경쟁 우위를 확보하는 것을 목적으로 한다.

글로벌 세무 관리를 할 때는 기업 그룹 전체 수준에서의 경영 방침, 업적 평가 기준의 확립, 자금 환류 정책 등 비즈니스상의 세금 이외에도 각종 요소에 종합적으로 착안할 필요가 있다.

GTM의 힌트

그럼, GTM은 어떻게 하면 좋을까? 우선 기본적인 초기 작업으로 앞에서 언급한 경영 자원의 흐름을 파악해야 한다.

이것은 글로벌한 e비즈니스의 전체상을 그리고, 몇몇 나라가 관계하는 거래에 대해 세금 비용이나 리스크, 기타 비즈니스상의 제 관계 요소의 부분을 최적으로 쌓아올린 다음, 최적의 관점에서 전체를 조정한다는 프로세스를 밟기 위해 유용한 작업이다.

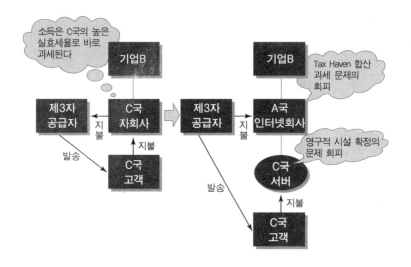

아주 단순화한 예를 들어보겠다.

A, B, C라는 3개국의 실효세율 a, b, c가 a<b<c라는 상황이라고 하자.

가령 C국에 과세되지 않고 A국으로 소득을 유보할 수 있다면, 실효세율 b와 실효세율 a의 차이만큼, A국에서 B국에 배당이 이루어지는 시점까지 세금 비용이 연기되게 된다. 단, 이와 같은 세무 설계에서는 다음과 같은 사항을 확인할 필요가 있다.

- C국 내의 서버에 개설되어 있는 A국의 웹사이트는 본국인 A국에서는 과세상 어떻게 취급되는가?
- A국으로 유보된 소득은 실제로 배당이 있기까지 B국에서는 과세되지 않는다.

GTM의 예비 조직 형태

이어서 GTM 실행을 위한 도구로 지역 총괄 센터, 공동 서비스 센터, 국제 물류 센터, 국제 구매 센터, 파이낸스 센터, 지역 소유 회사라는 각종 예비(back-up) 조직의 도입도 검토할 필요가 있다.

앞에서도 서술한 바와 같이 GTM의 가장 중요한 목적 중 하나는 e비즈니스의 비용면에서 경쟁사에 비해 경쟁 우위를 확보하는 점이다. 따라서 e비즈니스의 인프라 특질을 살려 사업을 성립시키는 이런 각 기능 요소의 효율적인 통합을 목표로 하는 것은 당연하다.

각 조직 형태(Structure)의 기능은 다음과 같다.

- 지역 통괄 센터 : e비즈니스의 매니지먼트 스트럭처를 말한다. 이것이 지역에 필요한지는 의문점이 있지만, 시차를 생각하면 글로벌 통괄 센터를 각 지역에 분산, 배치한다는 의미가 있다.
- 공동 서비스 센터 외 : 공동 서비스 센터, 국제 물류 센터, 국제 구매 센터, 파이낸스 센터는 모두 기능 부문을 집약함으로써 시너지 효과를 목표로 한다. 기업 그룹의 경영 자원에는 한계가 있기 때문에, e비즈니스의 인프라가 허락하는 한 분산 배치에서 집약 배치로 대체하는 것은 자연스런 흐름이다.
- 지역 소유 회사 : 앞의 두 가지 예비 조직 형태는 모두 세금 문제에 우선시 되거나, 세금 문제와 동시에 검토해야 하는데, 지역 소유 회사는 법률 세제상의 요청으로 검토되는 것이다.

GTM의 접근

이상에서 서술한 '힌트', '예비 조직 형태'를 토대로, 실제 GTM

글로벌 세무 관리(GTM)의 접근 방법

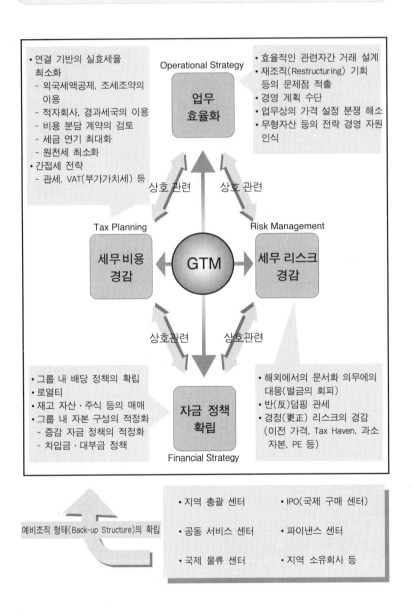

Operational Strategy

업무 효율화

- 연결 기반의 실효세율 최소화
  - 외국세액공제, 조세조약의 이용
  - 적자회사, 경과세국의 이용
  - 비용 분담 계약의 검토
  - 세금 연기 최대화
  - 원천세 최소화
- 간접세 전략
  - 관세, VAT(부가가치세) 등

- 효율적인 관련자간 거래 설계
- 재조직(Restructuring) 기회 등의 문제점 적출
- 경영 계획 수단
- 업무상의 가격 설정 분쟁 해소
- 무형자산 등의 전략 경영 자원 인식

상호 관련   상호 관련

Tax Planning

세무비용 경감

GTM

Risk Management

세무 리스크 경감

상호관련   상호관련

- 그룹 내 배당 정책의 확립
- 로열티
- 재고 자산·주식 등의 매매
- 그룹 내 자본 구성의 적정화
  - 증감 자금 정책의 적정화
  - 차입금·대부금 정책

자금 정책 확립

Financial Strategy

- 해외에서의 문서화 의무에의 대응(벌금의 회피)
- 반(反)덤핑 관세
- 경정(更正) 리스크의 경감 (이전 가격, Tax Haven, 과소 자본, PE 등)

예비조직 형태(Back-up Structure)의 확립

- 지역 총괄 센터
- 공동 서비스 센터
- 국제 물류 센터
- IPO(국제 구매 센터)
- 파이낸스 센터
- 지역 소유회사 등

의 접근 방법의 개요를 정리하면 왼쪽의 '글로벌 세무 관리의 접근 방법' 그림과 같다.

그림 속의 '세무 비용 절감'과 '세무 리스크 경감'은 자동차의 양쪽 바퀴와 같다.

가령 세무 리스크를 회피하면, 지금까지보다 세금이 증가하는데, 세무 비용의 경감은커녕 오히려 증가하는 결과를 가져온다. 따라서 세무 리스크를 최소화하면서 세무 비용의 절감을 최대화한다는 관점이 항상 필요하게 된다.

그러나 e비즈니스에서의 과세 관계는 아직까지 명확하게 정해져 있지 않았다는 점에 대해서는 전문가의 조언이 꼭 필요하다.

세금 비용을 절감하는 방법의 실효성면에서 보면, 효율화를 비롯한 업무 내용의 재고, e비즈니스 자금면에서의 자본 정책의 검토도 반드시 필요하다.

이러한 각각의 유의점들은 서로 영향을 미치면서 e비즈니스의 형태를 만들고 있기 때문에, GTM도 그런 상호 영향을 충분히 고려한 다음 실행으로 옮길 필요가 있다.

제2절 *e*비즈니스에 관련된 법무

1. *e*비즈니스에서의 컴플라이언스(Compliance)

e비즈니스는 기존의 비즈니스에 없는 많은 매력을 갖고 있다. 하지만 그 매력이 상황에 따라서는 생각지도 못한 문제를 발생시킬 수도 있다는 것을 잊어서는 안 된다.

그럼, 다음에 예로 들 3가지 e비즈니스의 특징은 실제로 어떤 문제를 내포하고 있을까?

① 글로벌(Global) : 인터넷을 이용해 순식간에 국경을 초월할 수 있다는 장점이 있다. 하지만 타국간의 계약이나 소비자의 보호에는 어느 나라의 법률이 적용되는지, 분쟁이 발생했을 때 어느 나라의 재판소에 소송을 제기해야 하는지, 인터넷상에

서 저작물을 사용할 때 어느 나라의 저작권법이 적용되는지 등의 문제가 존재한다.

② 비대면성(非對面性) : 공급자와 소비자가 서로 얼굴을 맞대지 않고 거래를 하기 때문에, 계약의 의사를 표시했을 때 확실히 동일 인물이라고 확인할 수 없다

③ 데이터의 방수·도용 및 악용의 용이성 : 전자적으로 거래의 의사를 표시하기 때문에, 제3자에 의해 방수(傍受 : 무선통신에서, 당사자가 아닌 다른 사람이 그 통신을 우연히 또는 고의적으로 수신함)·도용 및 악용할 위험성이 있다.

정부도 이런 문제들을 해결하는 것이 중요하다는 것을 인식하고 있으며 다양한 검토를 시작하고 있다.

예를 들어 '비대면성'의 문제에 대해서는 송신된 것이 확실히 '송신자'로 표시된 자로부터 온 것이라는 사실을 확인하는 '전자 인증' 제도의 도입을 법무성 주최 연구회가 발표한 보고서에서 제안하고 있다.

또 '데이터의 방수·도용 및 악용의 용이성'에 관해서도 송신된 내용이 함부로 고쳐지지 않았다는 사실을 증명하는 수단인 '전자 서명' 제도의 법제화를 위한 준비가 진행되고 있다.

정부는 또 1998년 5월 15일에 '전자상거래에 관한 미·일 공동 성명'을 발표했다. 양국은 이 공동 성명에서 전자상거래의 전개는 민간 주도로 행해진다는 원칙, 정부는 불필요한 규제를 회피해야 한다는 원칙 등을 정했다.

이 공동 성명은 전자상거래에 대한 정부의 기본적인 자세를 나타내는 중요한 자료라고 할 수 있을 것이다.

e비즈니스에는 기존의 법제도 내에서 대응할 수 있는 부분과 새로운 제도가 필요한 부분이 있는데, 이런 환경 정비는 현재 진행중이며 앞으로의 정부 결정이 주목된다.

e비즈니스에 관련된 법무 문제

2. *e*비즈니스에서의 계약 성립과 과제

계약의 성립

'신청'과 '승낙'에 의해 성립되는 계약의 원칙은 디지털 데이터로 거래되는 e비즈니스에도 적용된다.

일반적으로 웹상의 가상 점포에서 상품을 구입할 때, 가상 점포를 방문한 소비자가 보는 상품의 구입 안내가 '신청의 유인(誘引)', 상품 구입의 의사를 표시한 메시지의 송신이 '신청(申請)', 그것을 받아들인 공급자가 발신하는 거래 내용의 확인이 '승낙(承諾)'이라고 생각할 수 있다. 그러나 이것은 계약의 성립 시기와 준거법에 얽힌 문제이기도 하기 때문에 명확히 할 필요가 있다.

일본법에서는 승낙의 통지를 발신했을 때 계약이 성립되는 발신주의를 취하고 있다. 가령 승낙의 의사를 전하는 E-메일이 상대방에게 도착할 때까지의 과정에서 경유하는 컴퓨터 시스템에 장해가 발생해서 도달하지 않았다 해도 계약은 성립하게 된다.

그러나 한편으로는 '순식간에 상대방에게 도달하는 의사 표시에 대해서는 도달주의를 취해야 한다'는 의견도 많아 아직 계약의 성립 정의는 내려지고 있지 않다.

또 전자적 수단에 의한 계약의 성립 자체의 유효성도 논의의 여지가 많은 문제이다. 일본에서의 구매는 계약 자유의 원칙과 낙성계약(諾成契約: 물품을 건네주는 등 다른 행위를 필요로 하지 않고 당사자간의 합의만으로 성립하는 계약. 증여, 매매, 교환, 임대차 계약 따위)을 취하고 있기 때문에 전자적으로 계약을 체결하는 것 자체에 문제는 없다.

그러나 미국에서는 500달러 이상의 동산(動産) 매매 계약에는 서명이 있는 서류가 없으면 집행력을 인정하지 않는다는 규정이 있어, 전자적 수단으로의 계약 성립의 여부가 문제가 되는 등 각 나라마다 사정이 다르다.

계약에 관련된 과제

행위 능력 및 의사 표시의 하자(瑕疵)

일본법에서는 행위 무능력자 행위의 취소, 착오에 의한 의사 표시의 무효, 사기 협박에 의한 의사 표시의 취소를 할 수 있다.

그런데 이것을 e비즈니스에 적용했을 때 문제가 발생할 가능성이 크다. 백화점에서 10살 짜리 어린이가 쇼핑을 할 경우, 공급자는 소비자가 미성년자라는 것을 한눈에 알아볼 수 있지만, 웹상에서의 거래는 이런 판별이 어려워진다.

이것은 e비즈니스가 가진 '비대면성'이라는 특징의 문제점 중 하나다. 상대방의 얼굴을 볼 수 없기 때문에 소비자가 미성년이라는 것을 모르고 계약을 성립시킨 다음에, 계약의 무효나 취소를 요청받을 가능성도 늘어날 것이다.

따라서 이런 문제에 대처하기 위해서는 신청 단계에서 연령 기재(속임수인 경우 취소)를 요구하는 등의 방법도 하나의 대안이 될 수 있기 때문에 사업자는 거래의 프로세스를 고민할 필요가 있다.

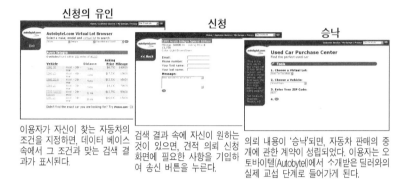

e비즈니스에서의 계약 성립(Autobytel의 예)

신청의 유인   신청   승낙

이용자가 자신이 찾는 자동차의 조건을 지정하면, 데이터 베이스 속에서 그 조건과 맞는 검색 결과가 표시된다.

검색 결과 속에 자신이 원하는 것이 있으면, 견적 의뢰 신청 화면에 필요한 사항을 기입하여 송신 버튼을 누른다.

의뢰 내용이 '승낙'되면, 자동차 판매의 중개에 관한 계약이 성립되었다. 이용자는 오토바이텔(Autobytel)에서 소개받은 딜러와의 실제 교섭 단계로 들어가게 된다.

* 출처 : Autobytel(http://www.autobytel.com/)

의사 표시자에 의한 중과실 문제

중과실의 경우는 착오 무효의 주장을 할 수 없다. 그렇지만 웹사이트에서 책을 3권 구입하려고 했는데 잘못해서 '30권'이라고 입력했을 때 착오 무효의 주장은 인정될 수 있는가?

이런 문제를 사전에 방지하기 위한 방편으로, 현재는 신청 단계에서 입력된 내용을 재표시하여, 신청자가 거래 내용을 두 번 확인할 수 있도록 한 사이트가 많다.

이것은 내용 확인의 기회가 두 번 있었음에도 불구하고, 자신이 잘못 입력한 것을 깨닫지 못했을 때는 중과실의 책임을 물어도 어쩔 수 없다는 발상에 기초한 것이다.

e비즈니스의 구조를 생각할 때는 이처럼 착오 무효의 주장을 방어할 수 있도록, 상대방의 중과실을 주장할 수 있는 구조로 해두는 것도 중요하다.

3. 소비자보호의 법 규제

소비자보호의 법 규제 목적

소비자보호의 법 규제는 소비자의 건강·안전·재산·사생활(Privacy) 등 소비 생활을 보호하기 위해 마련된 것으로, 사업이나 거래 대상, 거래 형태, 거래 방법에 관해 일정한 조건을 붙이는 것으로 이루어지고 있다.

위의 사항들 중 현 시점에서 e비즈니스 특유의 법 규제를 서두르는 것은 거래 형태와 거래 방법이다.

거래 형태나 거래 방법에서는 소비자의 판단 착오를 막기 위해, 사업자에게 소비자에 대한 충분한 정보 제공을 의무화하거나, 불충분한 정보에 기초한 거래의 사후 해약을 인정하는 것이 바로 소비자보호다. 때문에 기존의 법 규제에서는 서면이나 서명, 인증 등을 딱딱한 매체의 정보로 남겨두어야 한다고 여겨 왔다.

그러나 이런 '서면 요건(書面要件)'의 문제에 관해서는 새로운 사고 방식도 제안되어 왔다.

서면 요건의 문제

불공정한 거래를 배제하거나 거래 내용을 명확히 할 목적으로 방문판매법이나 할부판매법 등 몇몇 법률에서는 매매 계약에 따라 서면을 요구하는 경우가 있다.

- **방문판매법과 할부판매법**
  - 인터넷 판매 = 방문판매법상의 '통신 판매'
  - 할부 판매에 해당할 때는 할부판매법이 적용
  - 디지털 콘텐츠의 직접적인 제공에는 적용 안됨
- **'통신 판매'**
  - 광고에 가격, 대금 지불 방법, 상품 인도 시기, 반환 특약의 유무·내용을 표시
  - 과대 광고 금지
  - 대금 선불식에서는 '서면' 교부가 의무임
- **할부판매법**
  - 판매시 판매 조건의 제시
  - 판매 계약 체결시의 '서면' 교부 의무
  - 유예 기간(cooling off) = 8일간의 유예
- **할부판매법·방문판매법의 개정**
  - 특정 계속적 업무 거래
    - 영어 회화·에스테 등
- **소비자계약법의 입법 작업 진행중**

서면 요건의 목적은 소비자에게 딱딱한 매체에 의해 정보를 제공하는 것이기 때문에, 확인 E-메일 등의 매체로 법정 요건을 기재한 문서를 송부해도 서면 요건을 충족시킬 수 없다는 것이 현재의 일반적인 사고 방식이다.

그러나 '계약의 중요한 조건을 소비자가 언제라도 참고할 수 있는 상태로 해둠으로써, 소비자에게 충분한 정보를 제공하는 것'이 서면 요건의 취지라고 할 때, 서면 요건의 형식이 종이에서 디지털 데이터로 대신해도 문제는 없을 것이다.

실제로 미국의 UNCITRAL 전자상거래 모델법 제6조에, 전자상거래의 서면 요건은, '거기에 포함되는 정보를 이후에 참고로 이용할 수 있도록 접속 가능'한 데이터 메시지로 대체할 수 있다고 정해져 있다. 이 같은 전자상거래 모델법은 앞으로 일본법 개정의 방향을 시사하는 것으로도 주목된다.

소비자 계약법 성립의 동향

가상 점포에서의 판매 행위는 방문판매법상 '통신 판매'로 규제되어 있다. 또 선불식의 할부 판매나 특정한 서비스의 제공 거래에는 유예 기간(Cooling off) 제도를 적용하고 있다.

또 계약을 둘러싼 분쟁으로부터 소비자를 보호할 목적으로 '소비자계약법'(가칭)의 입법 작업이 경제기획청에서 진행되고 있으며, 2000년 중에는 국회에 법안이 제출될 예정이다.

이것은 직접 e비즈니스의 소비자 보호를 목적으로 한 것은 아니지만, 소비자가 사업자와 체결하는 계약을 대상으로 하고 있기 때문에 B-to-C의 e비즈니스에 적용되는 것이다.

이 법률의 핵심은 계약 체결을 권유할 때 해당 계약의 대상인 상품이나 권리, 서비스의 내용이나 거래 조건 등 계약을 체결하는 소비자의 판단에 중대한 영향을 미치는 중요한 항목에 대해 사실과 다른 내용을 알리면, 계약이 체결되었을 때 계약을 취소할 수 있다는 점이다.

4. *e*비즈니스에서 발생되는 민사 책임

계약 책임

계약 책임에는 크게 '법령에 기초한 것'과 '개별 사업자의 약속에 의한 것'이 있다. 이런 책임을 회피하려면 계약 단계에서 회피하고 싶은 계약 책임을 부인해두면 된다.

이때 다음 3가지 사항에 유의할 필요가 있다.

① 계약 책임의 전부를 부인할 수 있는 것은 아니다.

② 책임 부인의 방법이 법률로 정해진 것이 있다.

③ 비즈니스 전략으로서 책임 부인이 엉뚱한 결과를 낳는 경우도 있다.

불법 행위의 책임

e비즈니스에서 발생하기 쉬운 불법 행위의 유형으로는,

- 부정 경쟁 : 부정 광고나 경쟁 상대가 송신한 E-메일을 자동 처리하는 시스템의 설치
- 지적재산권 침해 : 상표권, 저작권의 침해
- 사생활 침해 : 거래를 통해 축적한 정보의 유용(流用)
- 명예 훼손

등을 들 수 있다. 일본에서는 e비즈니스를 둘러싼 불법 행위에 대한 소송 판례는 아직 많지 않지만, 미국의 판례를 참고하면 책임의

e비즈니스에서 발생되는 민사 책임

민사 책임

계약 책임

- 법령에 기초하여 당연히 부담해야 할 책임
  - 책무 불이행에 기초한 손해배상 책임
  - 계약의 대상이 되는 상품이나 권리에 부족이나 결함이 있을 때의 담보 책임
    → 책임 제한 규정(배상액의 예정, 담보 책임 면책)
    · 단, 불공정(공공 질서·미풍양속 위반, 고의·중과실)한 경우를 제외한다.
  - 미국의 Uniform Computer Information Transaction Act
- 당사자가 특별히 약속한 것에서 발생하는 책임
  - 아무 것도 약속하지 않는다?
  - 철저한 보증, 계약상의 유예 기간
  - 책임 제한과 고객 만족과의 균형을 어떻게 맞추나?

불법 행위 책임

- 고의·과실에 의한 제 3자의 이익 침해 = 불법 행위
- e비즈니스에서 발생하기 쉬운 불법 행위
  - 부정 경쟁
  - 사생활 침해
  - 명예 훼손
  - 저작권 침해
  - 디지털 콘텐츠의 하자에 의한 파생 침해
    → PL법 부적용 : 손해 규모 등이 예측 곤란하기 때문에 PL 보험 조달이 곤란
    → 면책 조항의 중요성

범위는 해당 사업자가 인터넷 자체 또는 인터넷상의 정보에 관한 지배 정도(관리감독권한의 범위)에 상관된다.

그러나 주의 의무(注意義務)의 정도와 범위에 각 국가간에 차이가 있다는 점도 생각할 수 있다.

사업자는 이런 불법 행위를 회피하는 기능 강화에 노력하는 것은 물론 그 관리하에서 유통되는 정보에 대해서는 정보 제공자와 나란히 불법 행위 책임을 부담할 가능성도 있다는 것을 전제로 대책을 세워야 한다.

불법 행위의 리스크 회피

IT의 진보에 따라 사업자가 수행해야 할 주의 의무 내용도 변화해 나아갈 것이다. 기술적인 대응을 다하는 것이 중요하다는 것은 당연하지만, 계속적으로 비즈니스 시스템을 완전히 파악하는 것은 사실상 곤란해, 일정한 불법 행위의 리스크는 늘 존재한다.

이와 같은 불법 행위의 리스크를 회피하는 수단으로 몇 가지를 생각할 수 있다.

예를 들어 계약에 불법 행위 면책 소항을 마련하는 방법에는 세약 당사자 이외의 제3자에게 효력이 미치지 않는 점, 고의·중과실에 대해서는 면책 조항이 무효가 될 가능성이 크다는 점 등의 한계가 있다.

또 책임 보험을 가입하는 방법에는, 현실적으로 e비즈니스에 수반되는 리스크를 막는 보험 상품은 많지 않아 가입하기 어렵고, 특수한 보험의 가입에는 비용이 문제가 된다.

그래서 관계 당사자간의 책임 분담을 정해 리스크를 분산하는 것이 중요하다. 시스템의 고장 같은 사고가 발생했을 때, e비즈니스에 관련된 여러 법 주체(ISP, 몰 운영자, 통신사업자, 이용자)가 기타 주체나 소비자 등의 제3자에 대해 어떤 주의 의무를 지며, 여러 책임 주체가 어떻게 손해를 분담하는지 명확하지 않다.

분쟁이 발생했을 때 비용을 절감한다는 관점에서도, 다른 당사자에게 리스크를 전가하는 것을 비롯한 책임 분담을 계약해 두는 것이 바람직할 것이다.

5. *e*비즈니스에서의 분쟁 해결 방법

e비즈니스의 분쟁 해결 방법

인터넷상의 거래를 통해 침해된 권리나 이익을 회복하는 대표적인 수단에는 다음과 같은 것이 있다.

① 침해자와의 협의(協議)에 의한 방법
② 자력(自力)에 의한 회복(自力救濟)을 꾀하는 방법
③ 권한 있는 분쟁 해결 기관을 이용하는 방법

글로벌한 e비즈니스에서는 거래 상대를 파악하기 어려운 경우도 많고, 또 공통의 규칙이 확립되어 있지 않으면 '침해자와의 협의에 의한 방법'으로 해결하는 데에도 한계가 있다.

'자력에 의한 회복을 꾀하는 방법'은 근대법 하에서는 많은 제한을 받는다. 디지털 콘텐츠 다운로드 등 정보의 유통을 대상으로 하는 e비즈니스에서는 거래 상대에게 계약 위반이 있으면 제공한 정보를 소거하거나 파괴하는 프로그램을 만들 수 있다.

하지만 이로 인해 발생하는 손해는 거래 상대뿐만 아니라 제3자에게까지 파급될 가능성이 있다. 가령 경미한 위반을 했는데도 정보를 소거하거나 파괴해 버리면 사회적·경제적으로도 바람직하지 않을 것이다.

이런 생각에서 미국의 통일컴퓨터정보거래법(UCITA)은 '다른

e비즈니스의 분쟁 해결 방법

분쟁 해결 방법

① 침해자와의 협의
거래 상대를 파악하기 어려운 경우도 많아서 한계가 있다

② 자력 구제를 꾀한다
근대법 하에서는 많은 제한을 받는다

③ 분쟁 해결 기관을 이용한다
분쟁 해결 기관에서 e비즈니스에 적용되는 거래 규칙 자체가 확립되지 않았기 때문에 e비즈니스의 법적 투명성, 예측 가능성은 낮다.

재산에 중대한 손해를 주지 않은 것' 등 자력 구제에 일정한 조건을 두고 있다.

'권한 있는 분쟁 해결 기관을 이용하는 방법'의 분쟁 해결 기관에는 재판과 중재가 있다. 사업자는 기존의 비즈니스와 마찬가지로 분쟁의 형태를 예측하여 관계 각국의 재판 기관, 중재 기관 중에서 정당성(적정 절차), 효율성(비용), 실효성(집행 가능성)의 측면에서 가장 적절한 기관의 관할을 결정하게 된다.

그러나 어느 분쟁 해결 기관을 선택하든 e비즈니스에 적용되는 거래 규칙 자체가 확립되어 있지 않아, e비즈니스의 법적 투명성, 예측 가능성은 아직 높지 않다.

효율성을 목표로 하여 제안되고 있는 인터넷상의 가상재판소에 대해서도 마찬가지라고 말할 수 있다. 비즈니스 운용자의 자율을 존중한 형태로, B-to-B 비즈니스를 대상으로 한 형태별 거래의 국제적인 기본 규칙을 책정하는 것이 국제 사회에서 급선무가 되고

있다.

사업자는 이와 같은 불투명성을 안고 있는 현실에 입각하여, 최적의 분쟁 해결 방법을 예정한 분쟁 해결 기관에서 합의의 유효성이 확실히 인정되는 형태로, 당사자간에 분명하게 합의하는 수밖에 없다.

거래 대상 지역의 한정

각 나라마다 소비자 보호, 안전 기준, 인증 방법, 정보에 대한 권리의 사고 방식, 집행 방식 등에 차이가 있는 현실에서는 거래 대상 지역을 한정하지 않는 한 글로벌 e비즈니스의 리스크를 정확하게 예측하기는 어렵다.

하지만 당사자가 지역을 한정하려고 해도 그것이 생각처럼 잘되지 않는다. 분쟁 해결 기관에 따라서는 단순히 거래 대상을 일정 지역의 이용자로 한정한다고 표명한 만큼에는 미치지 못해, 그 이외 지역의 이용자가 사용할 수 없는 조치를 강구하지 않으면 효과적인 지역의 한정이라고는 인정할 수 없는 경우도 있을 수 있다.

또 가령 지역의 한정에 성공했다고 해도 해당 비즈니스에 기인하는 손해가 그 이외 지역에서 발생하면, 그 손해가 발생한 지역을 관할하는 재판소는 사고에 관련되는 관할권을 긍정할 가능성이 높을 것이다.

6. 비즈니스 모델 특허

미국의 비즈니스 모델 특허

미연방순회공소재판소는 1999년 1월 미국의 Signature Financial Group이 가진 뮤추얼펀드 투자 기구를 실행하는 데이터 처리 시스템에 관한 특허를 유효로 판결했나.

이 판결에서 인정된 것은 '비즈니스 모델 특허'라고 불리는 특허로, 컴퓨터 시스템이나 네트워크를 이용하여 성립될 수 있는 비즈니스 모델을 대상으로 하고 있다.

'컴퓨터 관련의 발명에서 특허를 얻으려면 실질적인 유용성이 필요한데, 응용수학과 컴퓨터를 이용한 파이낸스 구조 등은 설령 신규성이나 진보성을 갖추었다 해도 특허 대상이 될 수는 없다'는 것이 미국 특허법의 해석이었다.

그런데 이 판결을 계기로 많은 사업자들이 특허권 획득이 가능하다고 판단되는 비즈니스 모델에 대해 특허를 취득하기 시작했다.

비즈니스 모델 특허를 인증하는 것에 대해 미국 내에서도 많은 비판이 있다. 하지만 특허의 유효성이 인정된 후에 움직이기 시작하면 이미 늦어버려 기회를 상실한 우려가 있다.

그래서 미국을 주요 대상 지역으로 하는 사업자는 비즈니스 모델 특허가 완전히 유효하다는 것을 전제로 대응하는 것이 현명할 것이다.

일본의 비즈니스 모델 특허

미국에서는 이미 '공인'된 비즈니스 모델 특허지만, 일본에서는 판례가 없어 앞으로 특허청의 대응이 주목되고 있다.

이런 가운데 특허청은 1999년 6월, 특허청 홈페이지에 게재한 보고서 '특허에서 본 금융 비즈니스 — 미·일 금융 기술력의 격차'와 1999년 8월 13일호 『日經컴퓨터』에 게재한 논평에서 비즈니스 모델의 특허를 인정하겠다는 취지를 발표했다.

또한 12월 22일, '비즈니스 관련 발명에 관한 심사에서의 대우에 대해'라는 제목의 문서를 홈페이지에 게재함으로써 개괄적인 심사 기준을 제시했다. 이로써 앞으로는 일본에서도 특허 취득 경쟁에 박차를 가할 것이다.

일본에서도 이미 몇몇 기업에서는 비즈니스 모델 특허 대책을 세우고 있다. 소니는 '지적재산권 부문'을 신설함과 동시에 그 10% 이상을 비즈니스 모델의 특허 전문가에게 지정하고 있다.

또 히타치(日立)제작소나 노무라(野村)총연에서는 SE의 업무에 관련되는 특허 정보를 공유하는 시스템을 강화하고 있으며, 후지쓰(富士通)에서도 SI 담당 부문 내에 '지적재산권 추진부'를 설립하고 있다(『日經컴퓨터』1999년 9월 13일호).

비즈니스 모델 특허에 대한 대책

구체적으로 어느 정도 추상적인 비즈니스 모델 특허까지 인정되는가, 재판소가 어디까지 특허청의 사정(査定)을 지지할 것인가 등 불확정한 부분도 많지만, 사업자는 구체적인 대책을 빨리 세울 필요가 있다.

비즈니스 모델 특허에 대한 대책은 다음과 같은 것이 있다.

① 사업자는 이미 실시되고 있는 비즈니스 모델, 고안된 비즈니스 모델을 특허의 관점에서 정리한다.

공지성(公知性), 공용성(公用性)이 분명하지 않은 비즈니스 방법을 이용하고 있는(또는 하려고 하는) 사업자는 비즈니스 모델 특허에 관한 정보를 수집하여, 특허 출원 여부를 조사할 필요가 있다.

② 신규성·진보성 있는 비즈니스 모델을 가진 사업자는 특허출원 또는 간행물 등에의 공개를 검토한다.

e비즈니스에서는 특허 취득을 통해 독점적으로 얻을 수 있는 이익보다 다수의 네티즌들에게 무상으로 제공하여 얻을 수 있는 이익이 더 큰 경우도 있다. 그러나 회사에서 특허 출원을 하지 않더라도 제3자가 특허 출원할 가능성이 높기 때문에 신속하게 공지화할 필요가 있다.

③ 사내에 e비즈니스의 비즈니스 모델 특허를 전문으로 취급하는 담당 부서를 두어 국내·외의 특허 조사는 물론, 감시와 적극적인 신규 모델의 개발을 진행함으로써 경쟁사의 비즈니스 독점을 막고 자사가 독점할 수 있는 비즈니스의 가능성을 탐구한다.

e비즈니스 모델 특허는 기존의 특허와 비교하면 싼 가격으로 창작할 수 있는 가능성이 있으며, 단기간에 다수의 특허가 출원되고 성립할 수도 있다. 그 실효성을 확보하기 위해서는 비즈니스 모델 특허를 타부문의 사원(SE 등)들에게 인식시키는 것도 필요하다.

미국의 비즈니스 모델 특허

Amazon.com	보안이 설치되지 않은 네트워크상에서의 안전한 신용카드 결재 시스템
AT&T	장거리 전화의 수신자측 캐리어 정보를 마케팅에 이용하는 수법
Citibank	시간 베이스 전자 통화 시스템의 보완 정보 갱신 시스템, 텔레폰 뱅킹 자동 음성 응답 시스템, 전자 통화 시스템, 외국환 거래 시스템, 자동 투자 시스템
CyberGold	인터넷상의 광고를 본 사람에게 담보(마일리지 등)를 주는 것으로 광고를 보는 인센티브를 부여하는 시스템
Double Click,inc.	네트워크상의 광고 송신과 효과 측정 시스템
e-Cal,Corp.	시차가 있는 지역간에 카렌더 스케줄을 조정하는 시스템
E-DATA	소프트웨어 온라인상에서의 판매 시스템
EFI Actuaries	경제 상황에 기초한 현금 유동 시뮬레이션에 따라 최적 자금 배분을 하는 시스템
Evergreen Group,Inc.	종업원 수당 등의 적립금에 관한 예측 계산 시스템
First Virtua Holdings,Inc.	인터넷상의 이용자 사이의 지불 시스템
Freedom of Information,Inc.	이용자의 기호를 분석해 광고를 디스플레이 하는 이용자를 선택하는 시스템
Human Capita Resources,Inc.	특정 분야에 취직 예정인 학생의 장래 수입에서 회수하는 투자 프로그램
Investments Analytic, Inc.	현금 유동을 예측해 리스크와 리턴을 시뮬레이트하여 자산 배분을 하는 시스템
MercExchange, LLC	온라인에서의 중고품 매매 시스템
Merrill Lynch	Cash Management Account System(일종의 종합적인 은행계좌를 운용하는 컴퓨터 프로그램을 이용한 시스템)
Mopex	신형 Open End형 투자신탁
Netcentives, Inc.	온라인에서 쇼핑 카탈로그를 보고 상품을 구입하면 포인트를 획득할 수 있고, 포인트가 쌓이면 상품을 살 수 있는 시스템
Online Resources, Ltd.	전화, TV, PC로 은행에 입금할 수 있는 시스템
Open Market, Inc.	온라인 쇼핑 카드, Access Control Monitering System, 디지털 광고를 통해 온라인 쇼핑을 하는 시스템
Priceline. com	리버스 경매(Reverse Auction)
Richard Fraser	인터넷상에서 부동산 중개를 하는 Interactive System
Servantis Systems, Inc.	은행용 통합 의사 결정 시스템
Sightsound. com	음악이나 영상을 다운로드 하는 형식으로 판매하는 수법
Tandy Corp.	판매원이 매장의 단말기에 고객의 주문을 입력하고, 상품의 인도 방법을 단말기로부터 지정하는 시스템
V-Cast, Inc.	인터넷상의 구매자에게 미리 지정한 스케줄에 따라 정보 파일을 송신하는 서버 시스템

참고 문헌

인터넷 비즈니스 연구회 지음, 浜屋敏/碓井聰子 감수, 『인터넷 비즈니스 백
　　　서 2000』 Softbank 출판, 1999년.

인터넷 변호사협회 편저, 『사이버 숍을 중심으로 한 인터넷 비즈니스의 법
　　　률 길라잡이』, 每日 Communications, 1998년.

岡村久道/近藤剛史 지음, 『인터넷의 법률 실무』, 新日本法規出版,, 1997년.

클리프 앨런/데보라 카이어/베스 이켈 지음, 篠原稔和/三好가오루 옮김,
　　　『인터넷 시대의 1 대 1 웹 마케팅 — 고객과의 관계를 구축하기 위해』,
　　　日經BP사, 1999년.

조나던 로즈노어/더글러스 암스트롱/러셀 게이츠 지음, 아더앤더슨 옮김,
　　　『WEB 전략의 Best Practice — Clickable corporation』, 英治出版,
　　　1999년.

寺本義也/原田保 편저, 『圖解 인터넷 비즈니스』, 東洋經濟新報社, 1999년.

일본 인터넷협회 편저, 『인터넷 백서 '98』, INpress, 1998년.

平野晋 지음, 『전자상거래와 사이버법』, NTT출판, 1999년.

미국 상무성 지음, 室田泰弘 옮김, 『디지털 이코노미(Digital Economy) I —
　　　미국 상무성 보고서』, 東洋經濟新報社, 1999년.

미국 상무성 지음, 室田泰弘 옮김, 『디지털 이코노미(Digital Economy) II —
　　　미국 상무성 보고서』, 東洋經濟新報社, 1999년.

우정성, 『통신백서 1999년판』, 교세, 1999년.

집필 스텝

• 제1장~제3장

後松範之助(우시로마쓰 노리노스케) 비즈니스컨설팅 파트너

坂井賢二(사카이 겐지) 비즈니스컨설팅 파트너

牧野正之(마키노 마사유키) 비즈니스컨설팅 시니어 매니저

大野邦男(오노 구니오) 비즈니스컨설팅 매니저

• 제4장

石井賢郎(이시이 겐로) 컴퓨터 리스크 매니지먼트 파트너

岩下廣美(이와시타 히로미) 컴퓨터 리스크 매니지먼트 파트너

杉野宏彰(스기노 히로아키) 컴퓨터 리스크 매니지먼트 시니어 매니저

牧正人(마키 마사토) 컴퓨터 리스크 매니지먼트 매니저

富田尚宏(도미타 다카히로) 컴퓨터 리스크 매니지먼트 매니저

• 제5장 제1절

川上英樹(가와카미 에이키) 세무사무소 파트너

梅辻雅春(우메쓰지 마사하루) 세무사무소 파트너

• 제5장 제2절

狛文夫(고마 후미오) 고마쓰・고마・니시카와 법률사무소 변호사

橋口泰典(하시구치 야스노리) 고마쓰・고마・니시카와 법률사무소 변호사

山田亨(야마다 도오루) 고마쓰・고마・니시카와 법률사무소 변호사

연락처

아더앤더슨(Arthur Andersen)

★ 비즈니스 컨설팅(Business Consulting)
'고객 지향의 기업 혁신'을 테마로 고객의 새로운 기업 가치의 창조를 적극
적으로 지원하고, 영속적인 변혁을 실현하기 위해 최신 테크놀로지와 방법론을
구사한 컨설팅 서비스를 제공하고 있다.

東 京 : 〒 162-0824 東京都新宿區揚場町 1-18 日生빌딩

　　　　Tel : 03-3266-7677 fax : 03-3266-7697

大 阪 : 〒 530-0017 大阪府大阪北區角田町 8-47 阪急그랜드빌딩

　　　　Tel : 06-6311-1541 fax : 06-6311-1512

名古屋 : 〒 451-0045 愛知縣名古屋市西區名驛 2-34-19 名進硏빌딩

　　　　Tel : 052-571-5775 fax : 052-571-8176

　　　　e-mail : ebusiness@aabc.co.jp

★ 컴퓨터 리스크 매니지먼트(Computer Risk Management)
정보 시스템의 개방화·효율화와 리스크 관리를 조절시킨다는 경영 과제에
따라 독자적으로 개발한 포괄적인 접근 방법에 기초하여, 정보 시스템 리스크
에 관한 폭넓은 컨설팅 서비스를 제공하고 있다.

東 京 : 〒 162-0824 東京都新宿區揚場町 1-18 日生빌딩

　　　　Tel : 03-3266-7617 fax : 03-3266-7618

大 阪 : 〒 530-0017 大阪府大阪北區角田町 8-47 阪急그랜드빌딩

Tel : 06-6311-1580 fax : 06-6314-9532

* 세무사무소

국내·외의 세무 신고는 물론이고, 국제 조세 전략의 수립·실시에 대한 조언, 부동산 투자, M&A에 대한 설계, 또 이전 가격(移轉價格) 조세나 Tax Heaven조세 등 국제 세무상의 과제에 대해 짜임새 있는 섬세한 서비스를 제공하고 있다.

東 京 : 〒 162-0825 東京都新宿區神樂坂 2-17 中央빌딩
　　　　Tel : 03-5228-1600 fax : 03-5220-1650
大 阪 : 〒 530-0017 大阪府大阪北區角田町 8-47 阪急그랜드빌딩
　　　　Tel : 06-6311-1425 fax : 06-6311-1980

* 고마쓰(小松)·고매(狛)·니시카와(西川) 법률사무소

모든 산업 분야에 걸쳐 고객을 가지며, 주요 나라의 수많은 변호사 사무소와의 네트워크를 가진 종합국제법률사무소. 하이테크·통신 분야에서의 경험이 풍부하며, e비즈니스의 Compliance 확립에도 적극적으로 대응하고 있다.

〒 107-0052 東京都港區赤坂 2-17-22 아카사카(赤坂)트윈타워 東館12F
Tel : 03-5570-3500, Fax : 03-5570-3255

* 옮긴이 ─ 김천오

일본 리쿄대학 경영학부를 거쳐 SANNO대학원에서 정보마케팅을 전공했다.
일본 통산성 주최 정보처리 제1종과 중소기업진단사 자격증을 취득하였고,
도쿄에 현지 법인을 설립하여 무역과 넷비즈니스를 하다 귀국했다.
번역한 책으로는『e비즈니스』,『비즈니스 모델 특허 전략』,『래리 엘리슨과
오라클 신화』,『소니 제국의 마케팅』,『정통 손금사전』외 다수가 있다.
현재 'AUSOME, INC.' 대표이사로 있으며, 국내 인터넷 비즈니스업체
자문활동을 하고 있다.

e 비즈니스

■
제1판 제1쇄 펴냄   2000년 7월 10일
제1판 제4쇄 펴냄   2002년 1월 10일
■
지은이   아더앤더슨
편역한이   아더앤더슨코리아
펴낸이   이영희
펴낸곳   이미지북
■
등록번호   제2 - 2795호(1999. 4. 10)
주   소   서울 강남구 논현동 193-8
E-mail   ibook99@chollian.net, ibook99@korea.com
전   화   483-7025   팩시밀리 483-3213
■
ISBN 89-89224-00-4   03320

* 잘못된 책은 바꿔드립니다.
* 책값은 뒤표지에 있습니다.